葡萄品种图谱
与栽培关键技术

吴 江 程建徽 魏灵珠 向 江 郑 婷 著

天工初心

天工墨玉

天工翠玉

天工冠玉

中国农业科学技术出版社

图书在版编目（CIP）数据

葡萄品种图谱与栽培关键技术 / 吴江等著. -- 北京：中国农业科学技术出版社，2021.12

ISBN 978-7-5116-5599-8

Ⅰ.①葡… Ⅱ.①吴… Ⅲ.①葡萄—品种—图集 ②葡萄栽培 Ⅳ.① S663.1

中国版本图书馆 CIP 数据核字（2021）第 252157 号

责任编辑　穆玉红　李美琪
责任校对　李向荣
责任印制　姜义伟　王思文

出 版 者	中国农业科学技术出版社 北京市中关村南大街 12 号　邮编：100081
电　　话	（010）82109707（编辑室）　（010）82109702（发行部） （010）82109709（读者服务部）
传　　真	（010）82106626
网　　址	http://www.castp.cn
发　　行	各地新华书店
印 刷 者	北京建宏印刷有限公司
开　　本	170 mm × 240 mm　1/16
印　　张	14.25
字　　数	300 千字
版　　次	2021 年 12 月第 1 版　2021 年 12 月第 1 次印刷
定　　价	98.00 元

版权所有·侵权必究

序

葡萄是一个古老的树种,研究发现远在距今 6 700 万～13 000 万年中生代白垩纪的地质层中就发现了葡萄科植物;在距今 6 500 万年新生代第三纪的化石中,找到了明确无误的葡萄属叶片和种子的化石。葡萄属在漫长的历史进化过程,积累了丰富的基因,在第三纪上新世的冰河期,欧洲葡萄几乎绝迹,但森林葡萄奇迹般地保存下来,成为北欧南部唯一的幸存者,也就是我们现在栽培葡萄欧亚种葡萄的祖先。

葡萄栽培历史悠久,世界考古发现,葡萄栽培和酿酒历史在 5 000～7 000 年。在中国漯河舞阳县贾湖遗址中发现了 7 000～9 000 年的炭化葡萄种子,以及葡萄酒的加工工艺,说明人类很早以前就开始了葡萄的栽培和葡萄酒的酿造。

葡萄是世界性果树,长期以来葡萄栽培面积和产量一直居于世界各类水果的首位,1989 年之后柑橘的面积和产量超过了葡萄,占据了第一位。按照国际葡萄与葡萄酒组织(OIV)最新数据,2018 年,世界葡萄栽培面积基本稳定在 760 万 hm^2 左右,总产 7 780 万 t。其中,酿酒葡萄占 57%,鲜食葡萄占 36%,制干葡萄占 7%,酒用葡萄占据了近六成的份额。葡萄栽培遍布世界五大洲,其中欧洲、亚洲和美洲是葡萄和葡萄酒的主要产地。葡萄占世界水果产量的 20%,是市场和消费者不可缺少的大宗水果之一。

葡萄种质资源丰富,据统计全世界约有品种 15 000 个,有资料记载的达 8 000 多个,生产上常用的有上百个。按生态地理起源和分布分类主要分为 3 个种群,分别是抗旱、耐盐的东方群,抗寒性强的黑海群和品质优良的西欧群。

中国是古老文明的国家,葡萄有 2 000 多年的栽培历史,孕育了灿烂的葡萄文化。改革开放 40 多年来,我国葡萄产业实现了跨越式发展,面积增加

31.3 倍，产量增加 125.8 倍。截至 2019 年底，总产量达 1 374.5 万 t，居世界第一位，栽培总面积为 80.96 万 hm^2，居世界第二位，同时，葡萄干产量居世界第三，还是世界第五大葡萄酒消费国和第十大葡萄酒生产国，我国已真正成为世界葡萄产业大国。同时，我国葡萄资源丰富，东亚种群共 40 种，我国就有 10 多个。国家葡萄资源库郑州果树研究所保存有 1 400 份种质资源。1949—2019 年，我国育种单位和科技工作者共选育了 349 个葡萄品种，仅 2000—2014 年，15 年间就选育审定了新品种 110 个，为我国葡萄产业发展做出了巨大贡献。

由于避雨栽培技术的成功研发，新品种的引进应用，新模式、新技术、新设施的不断完善，葡萄种植效益逐年提高。传统上不能种植葡萄的南方产区，掀起了葡萄发展的新浪潮，目前已成为我国鲜食葡萄生产的重要力量。从 1996—2016 年，葡萄面积从 3.5 万 hm^2 增加到 29.7 万 hm^2，20 年间增加了 7.6 倍。产量从 36.4 万 t 增加到 483.6 万 t，20 年间增加了 12.3 倍。与全国增速相比，江南产区面积、产量的增幅均超过全国速度，从 20 年前的基本保持全国发展速度，到 2016 年面积增速超过全国 3.3 倍，产量超过全国 6 倍，实现了跨越式大发展，引领了全国葡萄产业的新浪潮。

本书详细描述了 120 个鲜食葡萄品种的主要性状及其栽培技术，介绍了适宜露天种植的 3 个圆叶葡萄品种、28 个砧木品种的主要性状，同时总结了南方主要育苗区浙江金华常用的绿枝接绿枝砧、休眠枝接绿枝砧多种葡萄育苗技术以及高接换种技术。本书内容简明扼要，图文结合，通俗易懂，适宜农业企事业单位、家庭农场、合作社成员、果农等阅读使用。本书的出版，将会对新时期我国葡萄产业的可持续发展发挥重要作用。

刘　俊
中国农学会葡萄分会
2021 年 6 月 9 日于浦江

前　言

葡萄为葡萄科葡萄属落叶藤本植物，是世界上最古老的植物之一，位居世界主要水果之列。葡萄在我国分布广、面积大、效益高，在很多地区成为带动农民脱贫致富、引领乡村振兴的重要树种。随着人民生活水平的提高和农村产业结构的调整，葡萄产业近年来发展迅速，据《中国农业年鉴》统计，截至2019年，我国葡萄栽培面积80余万公顷，仅次于西班牙，居世界第二位，年产量1 300余万吨，位居世界第一；其中，鲜食葡萄栽培面积和产量均居世界第一位。

回顾浙江省葡萄产业发展历程，每一次快速发展都离不开新品种的育成、引进与推广。先是20世纪80年代的巨峰、藤稔，再到90年代的红地球；从2000年后的夏黑，再到近几年发展起来的阳光玫瑰。品种是决定效益高低的主要因素。自2009年国家葡萄产业技术体系杭州综合试验站建立以来，杭州综合试验站对230多个葡萄品种进行了区域试验以及植物生物学调查记录；同时为加速新品种推广，扩大种植范围，致力于砧穗组合研究，潜心摸索总结栽培要点。为了使水果技术从业人员、果农引进正宗的葡萄品种，并做好管理早出效益，笔者花了15年时间对每个品种的嫩梢、叶、果进行了拍摄和描述，对品种熟期、砧木特点等做了分类介绍，根据适应性（耐涝、耐酸、耐寒、耐盐等）、用途（鲜食、加工、砧木等）及目标（商品化生产、观光采摘等）选择适宜品种，通过对近年来自主育成和引进的葡萄新品种进行调查研究，以大量图片的形式展示葡萄品种及关键栽培要点，以期为葡萄相关企事业研究和生产者的引种、栽培等提供参考。

本书共分五章，第一章介绍120个鲜食葡萄品种的主要性状及其栽培要点；第二章介绍适宜露天种植的3个圆叶葡萄品种主要性状及栽培要点；第三章介绍28个砧木品种主要性状及特性；第四章介绍南方主要育苗区（浙江金华)常用的绿枝接绿枝砧、休眠枝接绿枝砧等多种葡萄育苗技术；第五章响应国家确保粮食安全、退林还田等政策，介绍了高接换种技术，实现不扩种但能优化品种结构。全书内容简明扼要，图文结合，适宜农业企事业单位、家庭农场、合作社成员等主体阅读使用。

在引种、区试、调查、栽培过程中，得到了国家葡萄产业技术体系刘崇怀、王跃进、赵胜建、骆强伟、徐海英、卢江、马小河、刘三军、郝燕、蒋爱丽等育种专家及俞丹萍、金联宇、童洪升等民间引种、育种者的大力支持与帮助，在此向各位专家、同行表示诚挚的谢意。由于水平和时间所限，书中如存在不足或疏漏之处，敬请广大读者批评指正！

吴 江

2021年6月

目　录

第一章　鲜食葡萄 ··· 1
　第一节　早熟品种 ··· 1
　第二节　早中熟品种 ······································ 20
　第三节　中熟品种 ·· 58
　第四节　中晚熟品种 ······································ 89
　第五节　晚熟品种 ······································· 104
　第六节　特晚熟品种 ····································· 135

第二章　圆叶葡萄 ······································· 142
　第一节　鲜食 ·· 142
　第二节　加工 ·· 143
　第三章　葡萄砧木 ·· 146
　第一节　自主育成 ·· 146
　第二节　引进砧木 ·· 151

第四章　葡萄育苗技术 ·································· 175
　第一节　硬枝扦插育苗 ···································· 175
　第二节　绿枝嫁接育苗 ···································· 178

第五章　葡萄高接换种……………………………………………… 182

参考文献……………………………………………………………… 186

附录一　天工墨玉葡萄三膜促早设施栽培技术模式图………… 190

附录二　欧亚种葡萄优质安全稳产设施栽培模式图…………… 196

附录三　绿色食品　农药使用准则……………………………… 201

附录三　绿色食品　农药使用准则……………………………… 201

　附件1　AA级和A级绿色食品生产均允许使用的农药清单………… 205

　附件2　A级绿色食品生产允许使用的其他农药清单……………… 208

第一章 鲜食葡萄

第一节 早熟品种

一、早熟无籽有香

1. 天工墨玉

欧美杂种，特早熟，植物生长势强。浙江省农业科学院园艺研究所等单位育成。2021年通过国家非主要农作物品种登记［编号：GPD葡萄（2021）330009］。果穗为圆锥形，大小整齐，穗重400～750 g。果粒近圆形，着生紧密或极紧密，自然粒重3～3.5 g，经赤霉素（GA_3）1次处理的果粒重6～8 g，最大果粒重10 g。果皮蓝黑色，较厚，无涩味，果肉爽脆，无肉囊。味浓甜，完全成熟可溶性固形物含量为18%～23%，香味较夏黑浓，鲜食品质佳；无裂果，基本无种子（不用赤霉素处理的1%～3%果粒有种子）。在浙江海宁设施栽培条件下，3月中旬萌芽，4月下旬至5月初开花，6月下旬浆果成熟。硬枝接嫩枝双天膜促早棚内90 d果实成熟，成熟期较亲本夏黑早熟7～10 d；嫩梢浅红褐色（五叶期），梢尖半开张，有茸毛，无光泽。幼叶浅红褐色，带浅红褐色晕。上表面有光泽，下表面密生细丝。成龄叶片近圆形，较大，纵径约为20.02 cm，横径约为25.90 cm，成龄叶片上泡状突起弱，叶表面颜色为墨绿色，背面有一层稀疏的丝状茸毛，叶片正面主脉花色苷显色强度较弱。叶片为3或5裂，上、下裂刻深度深，上裂刻裂片重叠，下裂刻裂片开张，裂刻基部窄拱形。成龄叶片上锯齿性状为两侧直与两侧凹皆有，锯齿长约为1.43 cm，宽约为1.66 cm。叶柄洼多为"U"形。新梢姿态较直立，节背侧呈红色带条纹，节间腹侧为绿色。成熟枝条为红褐色。两性花，三倍体。芽眼萌发率85%～90%，结果枝率95%，枝条成熟度中等。每果枝平均着生果穗为1.45～1.75个。设施栽培天工墨玉抗酸腐病、灰霉病、霜霉病、枝干溃疡病能力均较夏黑强。该品种对土壤、环境要求不严格，种植夏黑的各葡萄产区均可栽培，设施促成栽培优势明显（图 1-1 至图 1-4）。

图 1-1　天工墨玉叶片

图 1-2　天工墨玉结果状

图 1-3　天工墨玉嫩梢

图 1-4　天工墨玉果

2. 夏黑

欧美杂种，早熟，引自日本。亲本为巨峰 × 无核白。生长势极强，果穗圆锥形，中等大或大，无岐肩，有副穗，果穗重量 450.4 g，果穗长度 16.7 cm，果穗宽度 11.8 cm，果粒着生紧密，全穗果粒成熟一致，果粒近圆形，果粒整齐，紫黑色，果粒横断面近圆，果粉厚，自然粒重 3～3.5 g，处理后果粒重 6 g 左右，纵径 2.3 cm，横径 2.1 cm，可溶性固形物含量 18.5%～21%，最高可达24.96%。基本无种子（不用赤霉素处理的1%～3%果粒有种子）。果皮中等厚，果皮厚而韧，紫红色；果肉黄绿色，汁液较多，稍有涩味；果汁颜色浅，质地较脆，味酸甜，有草莓香味。三倍体无核。萌芽率97.1%，结果枝率达79.4%。在浙江海宁地区，3月下旬萌芽，4月下旬开花，7月上中旬浆果成熟。嫩梢形态闭合，乳黄色，无光泽，茸毛极密。幼叶上表面颜色紫红色，着色浅红，有光泽，茸毛中等，下表面密生丝毛。新梢姿态直立，节间背侧颜色绿具红色条纹，生长势极强。成龄叶片极大，近圆形，绿色，叶面平展具皱褶，叶缘上卷，锯齿形状双侧凸，裂片数5裂，上裂刻开张、呈"U"形，下裂刻开张、呈"U"形，叶柄洼基部形状宽拱形，叶背茸毛丝毛，叶脉花青素无。两性花，花序第1花序位置3～4节。南方雨水多的地区适宜稀植，行距3 m以上，株距4 m以上，适宜"一"字形或"H"形整形，水干或飞鸟形叶幕。适宜限根栽培。台风多发浙江地区"三膜"覆盖促早栽培的冬季修剪时间最早不能早于11月下旬，剪后立即涂破眠剂促发芽整齐，12月中旬封棚，产量控制在1 250 kg/667m^{2}以内，盛花至盛花末期隔10～15 d各用赤霉素50 mg/L喷或浸花序，转色期环剥主干，注意防治灰霉、穗轴、白腐、白粉、枝干溃疡病等。露地栽培的注意黑痘病、灰霉病、霜霉病、炭疽病的防治（图1-5至图1-7）。

省力化大果粒栽培要点：花序上留1叶摘心拉长花序；花序分蕾期疏花蕾，每串留15～18分枝穗，每分枝留5粒花蕾，穗基部多逐步减少到穗尖；盛花末用赤霉素25 mg/L+氯吡脲1～2 mg/L喷或浸花序，隔10～15 d后以

图1-5　夏黑叶片　　　　图1-6　夏黑嫩梢　　　　图1-7　夏黑果

同样的浓度再喷洒一次。

3. 寒香蜜

欧美杂种，特早熟，2013年通过浙江省品种审定。生长势较强，果穗圆锥形，单岐肩，无副穗，大小整齐，自然穗重260 g左右，处理穗重400～700 g。果粒近圆形，着生紧密或极紧密，自然粒重2.1～2.7 g，经赤霉素1次处理平均果粒重3～4 g，经赤霉素与益果灵混合处理（需疏果），单粒重达6～8 g，果皮浅粉红色，果皮薄，稍有涩味，果汁颜色深，汁液多，蜜桃香味浓，质地软，成熟可溶性固形物含量18%～25%，可滴定酸含量0.44%，天然无核，鲜食品质佳。每667 m^2 产量达1 250～1 500 kg。始果期早，定植第2年结果株率可达90%以上，结实力强。成龄结果树萌芽率84.8%，结果枝率92.9%，枝条成熟度中等。在浙江海宁设施栽培条件下（3月初盖膜），3月下旬萌芽，4月中下旬开花，促成栽培的6月下旬浆果成熟，较夏黑早1周左右。从萌芽到浆果成熟约115 d，属早熟品种。在辽宁锦州地区露地栽培，4月25日萌芽，5月下旬开花，6月中下旬果实着色，7月10日完全成熟，比巨峰早40 d，比京亚早15 d，如大棚栽培可提早25 d左右。山东肥城闫秀梅等利用日光温室栽培，5月上旬成熟。嫩梢形态闭合，黄绿色，背面着紫红色，茸毛密。幼叶黄绿色，周缘着色红，密生茸毛。新梢姿态半直立，节间背侧颜色绿色，生长势中。成熟叶片心脏形，全缘，深绿色，叶面平展，锯齿形状双侧直，叶柄洼基部形状呈"V"形，叶背有茸毛。两性花，第1花序着生位置3～4节（图1-8至图1-11）。

栽培要点：一般采用自根苗即可，北方地区用贝达砧嫁接苗。因花序偏短小，需二次拉花：第一次在花序上方能分辨出二叶时，留1叶摘心，去除花序及以下节位的副梢；第二次在花前10～15 d用7.5 mg/L赤霉酸喷花序拉花，鲜食的在花后8～10 d再用45～50 mg/L赤霉酸喷果穗增大果粒；酿酒的则自然生长。采用大棚促成栽培。整形修剪："T"或"Y"形，水平或飞鸟形叶幕，第一年留3～4芽定植，选留1根新梢作主干，待新梢长至120～140 cm时摘心，再培养2～4个副梢作为结果母枝。成龄树：梢间距离15 cm，当结果枝长至花序上4～5叶时留3叶摘心，花序以下副梢全部去除，留花序上一副梢和顶副梢，待始花3～4叶时摘心。冬季修剪时一般结果母枝留6～7

芽，每667 m² 留新梢4 000个左右。"H"形整形，短梢与长梢结合作枝组修剪，体系示范县浙江浦江示范基地试验结果表明，成熟期较"V"形架早，着色明显好，效益增加约5 000元/667m²。在体系示范县浙江金东区傅村示范基地，长廊品种筛选结果，该品种也适宜长廊栽培，进行龙干形整形，短梢与长梢结合作枝组修剪，绑缚于龙蔓上，新梢向两边生长，既美观又方便管理。注意该品种成熟易落粒需适时采收，采后易落粒适合观光采摘游。

图1-8　寒香蜜嫩梢

图1-9　寒香蜜叶片

图1-10　寒香蜜标准穗

图1-11　寒香蜜果

4. 喜乐

欧美杂交种，早熟，生长势中等偏强，引自美国，亲本为安大略×无核白（Ontario × Thompson seedless），果穗圆锥形，带副穗。其中，果穗长度17.4 cm，果穗宽度11.5 cm，果穗重量401.4 g，果穗紧密度中等，全穗果粒成熟较一致；果粒椭圆形，果粒整齐，果粒横断面近圆，果粒颜色黄绿色，果粒平均重量3.49 g，纵径1.96 cm，横径1.77 cm，无核，果皮中厚，果汁颜色无或极浅，果肉颜色无或极浅，汁液中，具香味，质地软，可溶性固形物含量17.7%，不易裂果，耐贮运能力中等。花芽分化和丰产、稳产性均好。萌芽率94.03%，结果枝率70.93%。在浙江海宁地区，3月中旬萌芽，4月下旬开花，6月底至7月上旬浆果成熟。从萌芽到浆果成熟需105～108 d。鲜食嫩梢形态开张，绿色或黄绿色，嫩梢梢尖花青素带状分布，茸毛无或极疏。幼叶黄绿色，花青素着色程度为无，幼叶下表面叶脉间和主脉上匍匐茸毛密度均为中等，直立茸毛密度为无或极疏。成熟叶片叶型单叶大，近圆形，绿色，叶面平展度平展、叶缘下卷，锯齿形状双侧直，裂片数3或5裂，上裂刻深，下裂刻浅，叶柄洼基部形状呈"V"形，叶背茸毛疏，无叶脉花青素，叶柄长。新梢生长半直立，节间背侧颜色绿色。两性花，花序第1花序位置4～5节（图1-12至图1-14）。

图1-12　喜乐叶片　　　　图1-13　喜乐嫩梢　　　　图1-14　喜乐果

栽培要点：该品种花芽分化好，坐果率高，注意控制产量。花前10 d疏除质量不好的果穗及副穗，同时掐去穗尖1～2 cm即可，健壮的结果枝可留1～2穗果，中庸枝留1穗果，弱枝不留果。花序上方能分辨出2叶时留1叶摘心，一周后留顶副梢，其余副梢全去除，可拉长花序免疏果。花后20～25 d进行套袋，套袋前必须对果穗进行药剂处理，处理时务必均匀，待药剂干后进行套袋。该品种挂树时间短，一般成熟后20 d内采收完，否则穗尖果会干瘪脱落。

5. 早夏无核

欧美杂种，上海奥德农庄选育，2012年上海市种子管理总站认定。生长势极强，果穗圆锥形，带副穗，中等大或大，无岐肩，据育成者报道，平均穗重315 g，穗长15～20 cm，穗宽7～9 cm，粒质量3～3.5 g。据杭州站区试，平均果穗重499.8 g，穗长19.9 cm，穗宽10.9 cm，果穗紧密度紧，全穗果粒成熟一致，果梗与果粒易分离，果粒近圆形，果粒整齐，紫黑色，果粒横断面近圆，果粉厚，果粒平均重5.1 g，纵径2.2 cm，横径2.0 cm，可溶性固形物16%～18%。含种子0.06%，果皮中等厚，果皮较厚而韧，稍有涩味，果肉黄绿色，汁液少，紫红色，质地较脆，味酸甜，略有草莓香味。萌芽率87.5%，结果枝率58.4%。在浙江海宁成栽培，3月中旬萌芽，4月下旬开始开花，7月上旬浆果成熟，比天工墨玉成熟迟。嫩梢黄绿色，带少量茸毛，幼叶黄绿色到浅绿色，带淡紫色晕，上表面有光泽，下表面密披一层丝毛。新梢生长直立，节间背侧黄绿色，腹侧淡紫红色。成熟叶片单叶，近圆形，绿色，成龄叶片背面有一层很稀的丝状茸毛。叶片中间凹，边缘凸起。锯齿形状双侧凸，多数叶片上、下裂刻浅，呈"V"形，叶柄洼多为半开张"U"或"V"形。叶背茸毛丝毛，叶脉花青素无。两性花，三倍体。一般采用夏黑栽培管理，设施栽培也要注意灰霉病、炭疽病、病毒病的防治。无核、保果、膨大处理可参考夏黑：盛花末用25 mg/L赤霉素＋（1～2）mg/L氯吡脲喷或浸花序，隔10～15 d后以同样的浓度再膨大一次。注意转色降酸后才能上市，否则影响品质（图1-15至图1-18）。

图1-15　早夏无核嫩梢　　图1-16　早夏无核新梢

图 1-17 早夏无核叶片

图 1-18 早夏无核果

6. 申爱

欧美杂交种，二倍体，特早熟，生长势中等。上海市农业科学院林木果树研究所杂交选育，亲本为金星无核 × 郑州早红。果穗圆锥形，无副穗。其中，果穗长度 14.5 cm，果穗宽度 8.9 cm，果穗重量 160.7 g；果穗紧密度中等，全穗果粒成熟较一致，果梗与果粒不易分离，果粒为鸡心形，果粒不整齐，有大小粒，果粒横断面近圆，果粒颜色玫瑰红色，果粉中等，果粒平均重量 3.3 g，纵径 2.00 cm，横径 1.66 cm，有种子 1～2 粒，果皮中厚，汁液中多，玫瑰香，质地中软，可溶性固形物含量 19.5%～21.4%，不裂果。花芽分化和稳产性均好，产量偏低。平均萌芽率为 83%，结果枝率达 93%。在浙江海宁地区，3 月上旬萌芽，4 月下旬开花，6 月下旬至 7 月初浆果成熟。鲜食。嫩梢形态半开张，花青素着色中，茸毛密。幼叶呈紫色条纹，背面密披白色茸毛。成龄叶中等大，近圆形，色泽淡，叶面平展、叶缘略向上，叶缘锯齿双侧凸，3 裂，上裂刻浅；基部呈"V"形，叶柄洼基部形状窄拱形，叶背茸毛中等，叶脉花青素弱。新梢生长半直立，节间背侧绿具红条纹。两性花，花序第 1 花序位置 3～5 节。

栽培要点：定植行距为 2.5～3 m，株距 1.5～4 m，先密后稀。结果母枝适宜中梢修剪，因该品种花穗较小，花前不需要花序整形，每结果枝可留 1～2 个果穗；因有种子，需用赤霉素进行无核化处理（图 1-19 至图 1-21）。

图 1-19　申爱叶片　　图 1-20　申爱嫩梢　　图 1-21　申爱单穗

7. 天工迷香

欧美杂种，早熟，生长势中强。浙江省农业科学院园艺研究所育成。果穗为圆锥形，有副穗，平均穗重 458.9 g，穗长 17 cm，穗宽 10 cm。果粒椭圆形，着生紧密，经赤霉素 1 次处理的果粒重 4.54 g，最大果粒重 8 g，果皮紫红至紫黑色，薄，无涩味，果肉软糯，可溶性固形物含量为 16.1%～18.5%，香气迷人，风味独特，鲜食品质佳，但贮运性较差。在浙江海宁设施栽培条件下，3 月中旬萌芽，4 月下旬至 5 月初开花，7 月上旬浆果成熟。嫩梢形态开张。梢尖玫红色，茸毛密。幼叶上表面浅黄绿色，边缘艳玫红色。上表面有光泽、密生茸毛，下表面匍匐茸毛密。成龄叶片近圆形，成龄叶片中等大小，叶正面泡状皱褶，反面匍匐茸毛稀，叶片正面主脉花色苷显色强度无。叶片为 3～5 裂，上、下裂刻均浅，上裂刻浅开张，呈"V"形；下裂刻浅开张，呈"V"形。成龄叶片上锯齿性状为一侧凸一侧直或两侧直，叶柄洼多为窄拱形。新梢姿态直立，节背侧近节处紫红色条纹，节间腹侧为绿带紫红。成熟枝条为红褐色。两性花，三倍体无核。芽眼萌发率 85%～100%，结果枝率 92.5%。结果母枝第 1～2 节着生结果枝，第 3 节着生第 1 花序，每果枝平均着生果穗为 2～3 个。设施栽培抗病能力均较夏黑强。该品种对土壤、环境要求不严格，种植夏黑的各葡萄产区均可栽培，设施促成栽培优势明显。易遭叶蝉为害。砧木和产量对品种着色影响较大，可通过砧木品种或控产、控穗大小来调整果穗的颜色。特别适合观光旅游采摘（图 1-22 至图 1-25）。

图 1-22 天工迷香叶片

图 1-23 天工迷香嫩梢

图 1-24 天工迷香幼叶

图 1-25 天工迷香果

8. 奥迪亚无核

欧亚种，早熟，生长势强。系罗马尼亚于1987年杂交育成，亲本为利比亚×波尔莱特。1996年从罗马尼亚加勒斯特农业大学引入我国。果穗圆锥形，无岐肩，无副穗。果穗重量403～503 g，果穗长度15.1 cm，果穗宽度11.4 cm；果穗着色紧密，全穗果粒成熟一致，果梗与果粒分离难，果粒椭圆形，果粒整齐，果粒横断面近圆，果粒颜色紫红色、紫黑色，果粉中等厚，果粒平均重量3.9～4.3 g，纵径2.2 cm，横径1.9 cm，种子败育，果皮中等厚，无涩味，果汁颜色深，果肉颜色深，汁液较多，质地较脆，可溶性固形物含量18.7%，萌芽率90%，结果枝率达92.6%。嫩梢形态开张，花青素着色中，无茸毛。幼叶上表面颜色紫红色，着色浅红，无茸毛。新梢姿态半直立，节间背侧颜色绿具红色条纹，生长势强。成熟叶片中等大小，心脏形，叶面平展度具皱褶，锯齿形状双侧直，裂片数全缘，叶柄洼基部形状呈窄拱形，无叶背茸毛，叶脉花青素强。两性花,花序第1花序位置3～4节。

栽培要点:设施促成栽培,"H"形或"一"字形整形,中短梢修剪;提早抹芽、定梢、疏穗;用3～5 mL/kg赤霉酸喷花序或结果枝花上留1叶摘心自然拉长花序,隔2疏1疏支轴减少疏果工作量,花后8～10 d用45 mL/kg赤霉酸喷幼穗膨大果粒;转色后隔水栽培以防裂果。注意防治霜霉病、炭疽病、灰霉病。成熟期正值梅雨季,因此裂果及酸腐病易发生,不适宜浙江栽培(图1-26至图1-28)。

图1-26 奥迪亚无核嫩梢　　图1-27 奥迪亚无核叶片　　图1-28 奥迪亚无核果

9. 碧香无核

欧亚杂交种,特早熟,生长势中等。吉林农业科技学院杂交选育,亲本为1851×莎巴珍珠。果穗圆锥形,有岐肩,有副穗。平均果穗重量357.8 g,果穗长度19.22 cm,果穗宽度12.98 cm,果穗紧密度松,全穗果粒成熟较一致,果梗与果粒分离难,果粒近圆形,果粒不整齐,果粒横断面近圆,果粒颜色黄绿色,果粉厚,平均果粒重量3.2 g,纵径1.86 cm,横径1.73 cm,无种子或软籽,果皮薄,稍有涩味,果汁颜色无,果肉颜色无,汁液多,玫瑰香味浓,质地中,可溶性固形物含量17%～21%,不易裂果,不耐贮运。花芽分化和丰产、稳产性均好,结果蔓于第5节着生花序,一般每个结果蔓上连续着生2个花序。自根苗萌芽率82.9%,结果枝率达74.9%;贝达砧嫁接的萌芽率89.1%,结果枝率达82.9%,R_{25}砧木萌芽率91.9%,结果枝率达94.1%。在浙江海宁地区,3月下旬萌芽,4月下旬开花,6月中下旬浆果成熟。吉林地区5月中旬萌芽,6月上旬开花,8月上旬浆果成熟。鲜食。嫩梢形态开张,花青素着色弱,无茸毛。幼叶上表面颜色浅紫红,着色红,无茸毛,有光泽。成熟叶片中等大,心脏形,绿色,表面平滑、叶缘上卷,3～5裂,裂刻中等,上裂刻重叠，深浅不一，锯齿形状双侧直，叶柄洼基部形状呈宽拱形，叶背无茸毛，叶脉紫红色。新梢生长直立，节间背侧颜色红色（图1-29至图1-30）。一年生枝条为红褐色，节间较短，枝条髓部特别小，木质部较紧密，充分成熟的一年枝条剪下后存放的局部空间内有香味。两性花。

栽培要点：浙江及同类生态区采用双天膜覆盖加主干环剥提早成熟明显，浙江玉环5月20日左右成熟，出园价为24元/kg左右。采用花序上留1叶摘心自然拉长花序，增加穗重提高产量，花后8～10 d用45 mg/L的赤霉素浸果穗，使果粒大小均匀和膨大，减少疏果工作，提高商品性。注意萌芽期至花前防治蚜虫、绿盲蝽及灰霉病为害，近成熟期防治灰霉病和炭疽病为害。采收期较短，建议15 d采收完，过熟果粒自然皱缩，需适时采收。因该品种早熟、皮薄、香味浓，一旦有香味注意防鸟和吸果夜蛾。适宜浙江地区栽培，也适宜吉林、辽宁、黑龙江南部的大多数地区栽培。

图1-29 碧香无核嫩梢（左）和无核果（右）　　**图1-30 碧香无核叶片**

10. 爱神玫瑰

欧亚种，特早熟，树势较强，北京市农林科学院林业果树研究所育成，亲本玫瑰香×京早晶。果穗圆锥形，带副穗，小或中等大，果穗重量198.6 g，果穗长度15.9 cm，果穗宽度12.2 cm，果穗紧密度疏，果粒椭圆形，红紫色或紫黑色，中等大，成熟一致，果梗与果粒分离难，果粒呈鸡心形，果粉中等厚，果粒平均重量2.5 g，纵径1.8 cm，横径1.5 cm，无核，果皮厚度中、韧，有涩味，果肉中等脆，果汁颜色中，果肉颜色浅，汁液中，玫瑰香味，香味淡，质地中，可溶性固形物含量17.2%～20.1%，萌芽率81.8%～93.2%，结果枝率达60%～86.0%。在浙江海宁地区，3月中旬萌芽，4月下旬至5月初开花，6月下旬至7月上旬浆果成熟。在北京地区，4月中旬萌芽，5月下旬开花，7月下旬浆果成熟。鲜食。嫩梢梢尖半开张，绿色带红褐色，茸毛稀疏。幼叶绿色带浅褐色，上表面无光泽，下表面有少量茸毛，成龄叶片中等大，心脏形，绿色，较厚，5裂，上裂刻深，基部"V"形，下裂刻开张，基部"U"形。叶正面光滑无光泽，锯齿双侧直，叶柄洼开张，叶背无茸毛。一年生成熟枝条浅褐色。两性花，卷须间断性。适应性广，特早熟，易成花，北京果穗较大，但杭州站区试果穗偏小，产量不高，过熟导致易落粒。栽培中要拉长花序增加穗重，用赤霉素处理增大果粒，适时采收以防落果。杭州试验站经过多年区试认为该品种花芽容易形成，产量稳定，品质好，但成熟期正值浙江梅雨季，因此果实易环裂，造成酸腐病、灰霉病严重（图1-31至图1-32）。不适宜浙江及同类生态区栽培，适合北方地区种植。

图1-31　爱神玫瑰叶片　　　图1-32　爱神玫瑰嫩梢（左）和单穗（右）

二、早熟无籽无香

火焰无核。欧亚种，生长势强，美国引进品种。果穗圆锥形，双岐肩，有副穗，在浙江海宁杨渡基地，果穗重量303.7 g，果穗长度16.2 cm，果穗宽度11.4 cm；在北方穗重达580～890 g。果穗紧密度较紧，全穗果粒成熟一致，果梗与果粒分离极难，果粒椭圆形，果粒整齐，果粒横断面近圆，果粒红色，果粉薄，自然果粒平均重量2.4 g，纵径1.6 cm，横径1.6 cm，可溶性固形物18.8%，处理后粒重4～7 g。无种子，果皮薄，果粉少，果汁颜色极浅，果肉颜色极浅，汁液较多，果肉脆，萌芽率97.4%，结果枝率达70.3%。第一结果枝位于结果母枝基部的第 3 节上。在浙江海宁地区，3 月中下旬萌芽，5 月中旬开花，7 月下旬浆果成熟。在河南郑州地区 4 月下旬萌芽，5 月下旬开花，7 月中旬浆果成熟。鲜食。早中熟。嫩梢形态半开张，花青素着色弱，无茸毛。幼叶上表面颜色黄绿色泛浅紫红色，无茸毛。新梢姿态直立，节间背侧颜色绿具红色条纹，生长势中。成熟叶片叶型单叶中等大，心脏形或肾形，绿色，叶面不平展呈皱纹状，锯齿形状双侧凸，裂片数 5 裂，上裂刻重叠、呈"U"形，下裂刻重叠、呈"U"形，叶柄洼基部宽拱形，无叶背茸毛，叶脉和叶柄基部红色。花序第 1 花序位置 3～4 节。栽培过程中注意疏分枝替代疏果，转色后控水防裂果，采前 15 d 拆袋促着色（图 1-33 至图 1-36）。病虫害注意防治枝干溃疡病和灰霉病。

图 1-33　火焰无核叶片

图 1-34　火焰无核嫩梢

图 1-35　火焰无核幼叶

图 1-36　火焰无核果

三、早熟有籽无香

矢富罗莎。欧亚种，早熟，生长势中等，别名为粉红亚都蜜等，引自日本，亲本为潘诺尼亚×（莎巴珍珠×楼都玫瑰）。果穗分枝或圆锥形，平均单穗重600～800 g，最大单穗重1 500 g，着粒中等紧密。果粒长椭圆形，在不用任何激素情况下，果粒大，单粒重达9～12.1 g，果皮红色至紫红色，果肉细脆，汁中多，可溶性固形物含量为14%～16%，最高达18.3%，风味浓甜微酸，口感佳，无裂果。每果粒含种子2～4粒，多为3～4粒，种子与果肉易分离。可溶性固形物12%～14%，可滴定酸0.5%，味较淡，无酸味。花芽分化中等，二次结果能力强。在浙江地区2月15—20日覆膜，采果后揭膜。3月10日左右萌芽，4月下旬至5月初开花，6月下旬至7月中旬采收。在北京地区，4月上中旬萌芽，5月下旬开花，7月下旬浆果成熟。嫩梢黄绿色，附紫红色，无茸毛。幼叶紫红色，表面有光泽，成龄叶片心脏形，中等大小，黄绿色，光滑，叶缘微上卷，叶脉黄色，下表面叶脉着生刺毛。叶片5裂，上裂刻极深重叠呈"U"或"V"形，下裂刻深重叠呈"U"或"V"形，叶柄长。锯齿尖，两侧直或两侧凸。叶柄洼开张，宽拱形。两性花。该品种抗病性较强，果穗会发生白腐病。若挂果偏多，则成熟期明显推迟，只能着淡红色，更易感染白腐病。栽培中营养枝按"5-4-3"摘心培养结果母枝，结果枝花上出现能辨认的2小叶时留1叶摘心，能自然拉长花序减少疏果工作量，促进花芽分化。整花序：根据花序大小，去掉穗尖和序尖，使保留支序15个左右。疏果粒：每穗控制80粒左右，约600 g为宜。疏去瘦小、畸形、果柄细弱、朝内生长的果。该品种以贝达作砧木比较适宜。二次果品质较一次果更好。冬季采用长梢修剪（图1-37至图1-38）。

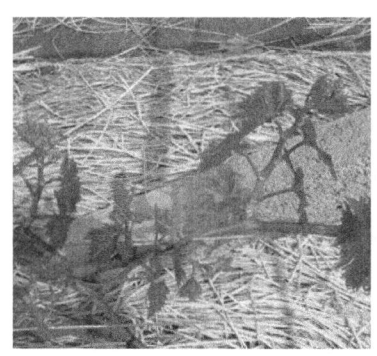
图1-37 矢富罗莎嫩梢

图1-38 矢富罗莎叶片（左）和果（右）

四、早熟有籽有香

1. 京蜜

欧亚种，早熟，树体生长势中偏强。中国科学院北京植物园于1997年以京秀×香妃杂交选育而成，2006年12月通过品种审定，果穗圆锥形，平均果穗重562 g，长度18.32 cm，宽度12.52 cm，果粒着生紧密，果粒成熟一致，果梗与果粒分离难，果粒呈圆形或扁圆形，果粒整齐，大部分果粒有3条浅沟，果粒颜色黄绿色，果粉厚度薄，果粒平均重量5.86 g，纵径2.18 cm，横径2.19 cm，种子充分发育，种子粒数2～3粒，果皮厚度薄，无涩味，但易有斑点。果汁颜色极浅，果肉颜色极浅，汁液中，玫瑰香味浓，质地脆，可溶性固形物含量16%～20%，鲜食。萌芽率61.5%～97.7%，结果枝率达72.5%～97.7%。在浙江海宁地区，3月下旬萌芽，4月下旬开花，7月上中旬浆果成熟。在金华地区避雨栽培下，萌芽期3月14日，开花期5月2日，果实成熟期6月22日。在北京露地栽培4月上旬萌芽，5月下旬开花，7月下旬果实成熟。从萌芽至浆果成熟100 d左右。为极早熟品种。嫩梢黄绿色，梢尖开张，无茸毛，幼叶黄绿色，上表面有光泽，无茸毛；成龄叶较小，心脏形，绿色，薄而平整，下表面无茸毛，叶片5裂，上裂刻较深且裂片闭合，基部"U"形，下裂刻浅，开张，基部"V"形。锯齿两侧凸，叶柄洼开张椭圆形，基部"U"形。叶背无茸毛。叶柄绿色有红晕。新梢生长较直立，无茸毛。一年生成熟枝黄褐色。两性花，第1花序着生在结果枝的第3～4节。

栽培要点：浙江及类似生态区需设施促早栽培；该品种花穗较短，坐果率高因此结果枝需通过花上留1叶摘心拉长花序或花前10～15 d用5 mg/L的赤霉酸喷花序或疏支轴来减少疏果工作量，注意提早疏花疏果增大果粒；由于该品种新梢叶片较小，果穗也较小，所以在春季抹芽时要适当多留枝条，飞鸟形或"V"形叶幕的新梢的间距以15 cm左右为宜。注意防治灰霉病和炭疽病。在近成熟期雨水较多的情况下，存在少量裂果现象；因该品种果粒小、形状似柿子，因该品种皮薄香味浓，一旦有香味注意防鸟和吸果夜蛾。因此可作为观光农业搭配种植。适宜干旱或半干旱地区露地栽培。或作培育形状特异新品种的育种亲本（图1-39至图1-42）。

图1-39 京蜜嫩梢正面　　图1-40 京蜜嫩梢背面

图1-41 京蜜果　　图1-42 京蜜叶片

2. 瑞都红玉

欧亚种，早熟，生长势中等偏强。北京市农林科学院林业果树研究所育成，为瑞都香玉的红色芽变。果穗圆锥形，无副穗。果穗重量376.6～457.5 g，果穗长度18.1～21.6 cm，果穗宽度12.8～13.1 cm，果穗紧密度中等，全穗果粒成熟较一致，果梗与果粒分离难，果粒椭圆形，果粒整齐，果粒横断面近圆，果粒颜色紫红色，果粉中，果粒平均重量6.8 g，纵径2.5 cm，横径2.1 cm，有种子，果皮中，稍有涩味，果汁颜色浅，果肉颜色浅，汁液多，玫瑰香味浓，质地较脆，可溶性固形物含量18.9%，可滴定酸含量0.43%。不易裂果，耐贮运能力中等。花芽分化和丰产、稳产性均好，从基部第2节开始发出新梢均有2个花序，萌芽率86.7%～91.2%，结果枝率达70%～84.6%。两性花，花序第1花序位置3～4节。在浙江海宁地区，3月中上旬萌芽，5月上旬开花，7月上旬浆果成熟。从萌芽到浆果成熟需110～115 d。鲜食。嫩梢形态开张，无花青素着色，茸毛中等密。幼叶黄色，花青素着色中等，上表皮茸毛中等密，下表面茸毛密。成龄叶中等大，心脏形，绿色，叶缘上卷，锯齿形状双侧凸，上裂刻重叠，下裂刻开张，叶柄洼基部形状矢形，叶背茸毛毡毛，中等密，叶脉花青素极弱。新梢生长半直立，节间背侧颜色绿色具红条纹（图1-43）。

图1-43 瑞都叶片（左）、红玉果（华佳8号砧）（中）、嫩梢（右）

栽培要点：在浙江海宁设施促成栽培，11个砧木进行砧穗组合综合评价以华佳8号砧木嫁接，表现着色好，果粒较大，可溶性固形物含量高大于20%，风味更好。在浙江"H"形较"一"字形整形果易着色。瑞都红玉的成花良好，花序量较大，也较松散，可根据树势情况或早或晚进行疏除花序或果穗。每个新梢建议只留1穗果，每穗果在始花期前1～3 d疏除基部小副穗，并及时防治灰霉病，疏果后每穗留果量以70粒左右为宜。建议选用白色或焰红色纸袱或无纺布袋，套袋前清除果穗上残留的花后残体（花药等）并适当用药剂保护。

3. 黑巴拉多

欧亚种，早熟，生长势中等偏弱。引自日本。亲本为米山3号×红巴拉多。果穗形状圆锥形，有副穗，平均穗重431.6 g，果穗长度15.3 cm，果穗宽度11.1 cm，果穗紧密中等，果粒成熟一致，果梗与果粒分离难，果粒椭圆形，果粒整齐，果粒颜色紫红色，果粉薄，平均自然粒重6.4 g，纵径2.89 cm，横径2.03 cm，疏果加膨大处理后粒重达10 g左右，汁液中多，有玫瑰香味，质地脆，可溶性固形物17.6%～20%。萌芽率86.96%，结果枝率达80.00%。浙江海宁设施促成栽培，3月中萌芽，5月上旬开花，7月上中旬浆果成熟。在金华3月上中旬萌芽，5月上旬开花，6月下旬成熟。嫩梢梢尖半开张，花青素着色弱，茸毛疏。幼叶绿黄色泛紫红色，上表面有光泽，上下表面有白色茸毛疏。卷须双间隔，3分杈。花序中等大，两性花。成龄叶片中等大，心脏形，深绿色，叶片表面粗糙，叶背有较密的茸毛，生长后期部分叶片的叶缘向下略反卷，较厚。5裂，上裂刻深基部呈"U"形，下裂刻浅基部呈"U"或"V"形，锯齿双侧直。叶柄洼基部窄拱形。叶柄较长，紫红色。新梢半直立，节间背侧绿具红条纹，1年生成熟枝条黄褐色，表面有条纹，节间较短，冬芽中等大。枝条易成熟，至霜降节最顶端的副梢也能完全木质化。花两性，第1花序着生在3～4节。栽培中注意增强树势；防治灰霉病；适宜拉长花序增大果穗重量，且要无核化处理，疏果后膨大处理，控制产量在1 250 kg以内，促进着色。适宜中长梢修剪（图1-44至图1-46）。

图1-44 黑巴拉多叶片　　图1-45 黑巴拉多果　　图1-46 黑巴拉多嫩梢

第二节　早中熟品种

一、早中熟无籽无香

1. 火州红玉

欧亚种，早中熟品种，生长势强。由新疆葡萄瓜果开发研究中心杂交育成，亲本为红地球×火焰无核，品系名为SP577。果穗圆锥形，平均穗重303.8 g，果穗长度15.4 cm，果穗宽度11.3 cm，果穗穗形整齐，果粒紧密，成熟一致。果粒近圆形，平均自然粒重粒重3.0 g，果粒纵径1.7 cm，横径1.7 cm，经赤霉素处理可达4 g以上。果皮紫红色，中等厚，肉较脆，有软核，可溶性固形物18.3%。在海宁大棚促成栽培3月下旬萌芽，5月上旬开花，7月下旬成熟；萌芽率65.31%，结果枝率53.13%。在新疆鄯善地区4月上中旬萌芽，5月中下旬开花，7月中旬果实开始成熟，8月中旬完全成熟；萌芽率62.4%，结果枝率74.4%，多着生在结果枝的2～6节，结果系数1.59。幼叶绿色，有光泽，叶柄红色，叶背有极稀疏茸毛。成龄叶片中等大，正反两面无茸毛，绿色，叶柄洼处叶脉淡红色，叶柄洼处叶脉紫红，5裂，上裂刻中、下裂刻浅，锯齿，叶柄洼开张"U"形，嫩梢绿色，无茸毛，一年生成熟枝条红褐色，两性花（图1-47至图1-49）。适宜栽培在光热条件较好的干旱、半

图1-47　火州红玉叶片　　图1-48　火州红玉果　　图1-49　火州红玉嫩梢

干旱地区露地栽培。浙江及同类生态区需设施栽培，栽培中注意灰霉病防治和保果、防裂果。该品种果穗紧，需进行疏花疏果，果穗控制在400～500 g为佳；浙江需要控制产量促进着色；夏季修剪时，在开花后进行第一次摘心。膨大处理使用较低浓度赤霉素处理，或者不使用。

2. 黎明无核

欧亚种，早中熟，生长势强。果穗圆锥形，中等大或大，平均穗重424 g，果穗长度17.3 cm，果穗宽度12.8 cm。果粒着生紧密，圆形，黄绿色，果面易着生锈斑，平均粒重3.0 g，纵径2 cm，横径1.6 cm，果粉中等厚，果皮薄，果肉硬而脆，果汁中多，味酸甜。可溶性固形物含量为18.7%。嫩梢黄绿色，茸毛少，幼叶绿色，光滑，有光泽。成龄叶心脏形，中等大至大，叶片光滑，上下表面均无茸毛，下表面叶脉着生刺毛。叶片5裂，锯齿双侧凸，叶柄洼半闭合，拱形。萌芽率95.5%，结果枝率64.3%，产量高，品质较好，抗病性强，不裂果。在浙江海宁地区，3月下旬萌芽，5月上中旬开花，7月底浆果成熟。

栽培要点：棚、篱架栽培均可，但需稀植，行距离2.7～3 m，株距1.5～3 m，以中、短梢修剪为主；梢间距离20 cm。花前15 d左右用3～5 mL/kg赤霉素喷花序拉长花序，花后8～10 d用40～45 mL/kg赤霉素喷果穗膨大果粒（图1-50至图1-52）。注意适当早采以防果锈产生。

图1-50　黎明无核叶片　　　图1-51　黎明无核嫩梢　　　图1-52　黎明无核果

3. 优无核

欧亚种，早中早熟，生长势极强，引自美国。果穗圆锥形，自然穗重

280～450 g，处理后 480～620 g，果粒着生紧密，较耐贮运。果粒短椭圆形，自然果重 4～5 g，果皮黄绿色至金黄色，果皮中等厚，果粉少，果肉硬而脆，汁少，淡淡玫瑰香味，可溶性固形物 15%～16%，可滴定酸 0.5%，果肉脆甜，口感中等今，基本不裂果，天然无核。萌芽率 62.3%～80%，结果枝率 48%～60%，花芽分化不稳定，产量不稳定，每一结果枝平均着生 1.3 个花序，结果枝位于结果母枝第 5～6 节。在浙江海盐地区避雨栽培，4 月初萌芽，5 月中下旬开花，8 月上中旬浆果成熟。在天津地区 4 月中旬萌芽，5 月底开花，8 月上中旬浆果成熟。新梢绿色，嫩尖红色，卷须带红色，幼叶黄绿色，有稀疏茸毛，有光泽；成龄叶片大，心脏形，光滑，叶缘锯齿钝，叶片表面和叶背均无茸毛，下表面叶脉上有刺毛。叶色浓绿，叶质厚而韧，叶片 5 裂，裂刻中深，锯齿两侧直。叶柄洼半开张呈拱形。叶柄中长。基部叶片生长正常，不易提前黄化，枝蔓较粗，转色、成熟正常。两性花（图 1-53 至图 1-55）。冬剪采用长中梢修剪，容易形成大小年现象，抗病性中等，注意防治白腐病。在花后 15 d 和 25 d 分别用赤霉素浸果穗二次促进果实膨大。不适宜浙江及同类生态区种植。

图 1-53　优无核嫩梢　　　图 1-54　优无核叶片　　　图 1-55　优无核果

二、早中熟无籽有香

1. 无核翠宝

欧亚种，早中熟，生长势较强。山西省农业科学院果树研究所杂交选育，亲本为瑰宝×无核白鸡心，果穗圆锥形，穗型整齐，双岐肩。平均果穗重量 400.8 g，果穗长度 16.9 cm，果穗宽度 9.6 cm，穗型整齐，果穗较紧密，全穗果粒成熟较一致，果梗与果粒分离难，果粒椭圆形，果粒平均重量4.0 g，纵径2.0 cm，横径1.8 cm，果粒整齐，果粒横断面近圆，果粒颜色黄绿色，果皮薄、韧，无涩味，果粉薄，无种子或残核，果汁无颜色深，果肉无颜色深，汁液少，玫瑰香味浓，质地脆，可溶性固形物含量18.3%，可滴定酸含量0.38%，不易裂果，不耐贮运。花芽分化好，从基部第3节开始发出新梢均有1~2个花序，两性花，第1花序着生位置在2~4节。萌芽率84.3%，结果枝率77.8%。在浙江海宁地区，3月中旬萌芽，4月下旬开花，7月上中旬浆果成熟。鲜食。嫩梢形态半开张，花青素着色弱，具稀疏茸毛。幼叶上表面颜色黄绿色，着色浅红，茸毛极疏，下表面具稀疏直立茸毛。成龄叶中等大小，心脏形，绿色，叶面较平展，锯齿形状双侧凸，5裂，上裂刻较深，开张呈"U"形，下裂刻较浅，开张呈"V"形，叶柄洼基部形状呈闭合椭圆形，叶脉茸毛密，叶间茸毛疏，叶脉花青素中。新梢生长半直立，节间背侧颜色绿具红色条纹，腹侧绿（图1-56）。

图1-56　无核翠宝叶片（左）果（保果）（中）、嫩梢（右）

栽培要点：在浙江海宁杨渡基地和湖州南浔基地分别促成与避雨栽培均出现落花落果严重，该品种花序短小，进入批发市场需拉花和保果。在平原水网地区浙江湖州南浔进行了5个砧穗组合试验，筛选出适宜砧木为3309P。单十字飞鸟形架，"一"字形整形，中长梢修剪为主，设施栽培主要防治灰霉病、白粉病。在西北、华北以及以南无霜期120 d以上的地区推广种植，宜大棚架、水平棚架、"V"形架栽培。成花容易，对修剪反应不敏感，长、中、短梢及极短梢修剪均可，产量一般应控制在15 t/hm²左右。施肥以秋施有机肥为主，一般萌芽及开花前以氮肥为主，花后以磷肥为主，转色期以后以钾肥为主。抗霜霉病和白腐病能力较强，对白粉病较为敏感，因此在干旱年份要注意白粉病的防治，春季出土后喷施 3～5 波美度石硫合剂，杀灭越冬菌源，生长季注意病虫害的防控。在浙江等同类生态区需设施与保果栽培。

2. 沪培 1 号

欧美杂种，中熟偏早，生长势较强。上海市农业科学研究院育成，亲本为喜乐 × 巨峰。果穗圆锥形，两次处理后平均穗重 554.5 g，果穗长度 21.1 cm，果穗宽度 11.7 cm。果粒着生中等紧密，果粒椭圆形，平均粒重 5.8 g，果粒纵径 2.5 cm、横径 2 cm，果皮黄绿带粉红，中等厚，果粉中等多，果肉较软，肉质致密，皮带涩味，可溶性固形物 17.2%，风味浓郁，无香味，品质中上。果穗和果粒大小整齐，不脱粒不裂果（图 1-57）。在浙江海宁设施促成栽培，萌芽率 80.4%，结果枝率达 73.5%。第 1 花序着生位置第 4～5 节。在浙江海宁地区，3 月中旬萌芽，5 月上旬开花，7 月下旬至 8 月上旬浆果成熟。嫩梢较

图 1-57　沪培 1 号果

直立，带有浅条红晕，白色茸毛中密。幼叶浅紫红色，背面白色茸毛密，卷须间隔分布，尖端分叉。成龄叶大，心脏形或近圆形，5裂，上裂刻中等深，裂刻开张，基部"U"形。叶面较平滑，叶缘略下卷，叶背茸毛中等。锯齿双侧直，叶柄洼重叠闭合或窄圆形。叶柄中等长，绿色。成熟枝为黄褐色，节间长。花穗中等大，两性花，三倍体。抗病性较强，但南方花期防治灰霉病。结果节位较高，采用棚架整形，长梢修剪为主。无核保果膨大：第1次在盛花至盛花末用 25～30 mg/L 的赤霉素浸花穗；第2次在花后 10～15 d，用相同浓度的赤霉素再浸果穗1次，或处理时可加入 1～2 mg/L 的吡效隆，增大果粒。果面容易出现黑点，注意用药和叶面肥。

3. 火州紫玉

欧亚种，早中熟品种，生长势强。由新疆葡萄瓜果开发研究中心杂交育成，亲本为红地球×火焰无核，品系名为SP528。果穗圆锥形，平均穗重508.6 g，果穗长度18.1 cm，果穗宽度15.0 cm，果穗穗形整齐，果粒紧密，大小均匀，成熟一致。果粒近圆形，平均自然粒重2.6 g，纵径1.8 cm，横径1.6 cm，经赤霉素处理可达4 g以上，果皮紫黑色，果皮中等厚，果皮脆，无涩味，不易剥，汁液中等多，果肉质地较脆，可溶性固形物18.1%，可滴定酸含量0.49%。有软核。制干后百粒73.53 g。幼叶紫红色，有光泽，叶背有极稀疏茸毛。成龄叶片中等大，正反两面无茸毛，深绿色，叶柄洼处叶脉紫红，5裂，上裂刻中、下裂刻浅，锯齿中锐，叶柄洼开张"U"形，嫩梢绿带红条纹，无茸毛，一年生成熟枝条棕褐色，两性花。在浙江海宁地区大棚促成栽培，3月下旬萌芽，5月上旬开花，7月底成熟。在宁夏银川地区，4月底萌芽，8月中果实成熟；萌芽率78.7%，结果枝率40.5%。在新疆鄯善地区，4月上中旬萌芽，5月中下旬开花，7月底8月初完全成熟，萌芽率68.3%，结果枝率78.9%。多着生在结果枝的2～6节，结果系数1.72。适宜栽培在光热条件较好的干旱、半干旱地区露地栽培。浙江及同类生态区需设施栽培，栽培中注意灰霉病防治和保果、防裂果。该品种果穗紧，需进行疏花疏果，果穗控制在 400～500 g 为佳；浙江需要控制产量促进着色；夏季修剪时，在开花后进行第一次摘心。膨大处理使用较低浓度赤霉素处理，或者不使用（图1-57至图1-61）。

图1-57 火州紫玉叶片　　　　图1-58 火州紫玉幼叶

图1-59 火州紫玉嫩梢背面　　图1-60 火州紫玉　　图1-61 火州紫玉嫩梢正面

三、早中熟有籽无香

1. 春光（昌黎1号）

欧美杂交种，早早中熟，生长势中等偏强。河北省昌黎果树研究所杂交选育，亲本为巨峰×早黑宝。果穗圆锥形，带副穗。平均果穗重量495.2 g，果穗长度17.9 cm，果穗宽度12.4 cm，果穗紧密度中等，全穗果粒成熟一致，果梗与果粒分离难，果粒倒卵形，果粒整齐，果粒横断面近圆，果粒颜色紫黑色，果粉厚，平均粒重10.6 g，粒纵径2.6 cm，粒横径2.6 cm。有种子，果皮厚，有涩味，果汁颜色无，果肉颜色无，汁液多，无香味，质地较脆，可溶性固形物含量 18.5% 左右，可滴定酸 0.48%。自然果不易裂果，膨大处理疏果不到位易裂果。花芽分化和丰产、稳产性均好，萌芽率 91.5%，结果枝率达 84.2%。在浙江海宁地区促成栽培，3 月下旬萌芽，5 月初开花，7 月中下旬浆果成熟。从萌芽到浆果成熟需 115～120 d。鲜食。在昌黎地区 8 月初成熟，比维多利亚早熟 10 d。嫩梢形态开张，花青素着色弱，茸毛无。幼叶上表面颜色绿红色，茸毛疏。成熟叶片叶型单叶，心脏形，绿色，叶面具皱褶，锯齿形状双侧直，5 裂，上裂刻重叠，裂刻呈"U"形，叶柄洼基部形状窄拱形，叶背茸毛毡毛，叶脉花青素强。新梢生长半直立，节间背侧颜色红。两性花，花序第 1 花序位置 3～4 节（图 1-62 至图 1-65）。

图 1-62 春光嫩梢

图 1-63 春光叶片

图 1-64 春光果（保果）

图 1-65 春光自然果

栽培要点：该品系坐果率较高，可采用生理落果期环剥保果，或始花期用助壮素 500～1 000 mg/L 喷梢尖控梢保果；花期遇气候反常或树势过旺或短梢修剪易产生大小粒，及时疏去小粒，因膨大处理裂果较重。南方控制产量控制在 1 000～1 250 kg/667m^2，有利于着色和确保优质。其他参考蜜光。

2. 藤稔（乒乓葡萄）

欧美杂种，早中熟，长势中等强。引自日本，亲本为红蜜 × 先锋。果穗圆锥形或圆柱形，带副穗，自然穗重 500 g 左右，穗长 16～21 cm，穗宽 10.5～11 cm，果粒着生中等紧密，耐贮运性中等。果粒短椭圆形或圆形，紫红或紫黑色，粒重 12 g 左右，比巨峰略大。果皮中等厚，有涩味，果肉中等脆，有肉囊，汁多，味酸甜，无香味，可溶性固形物 15%～17%，可滴定酸含量 0.35%。每果粒种子 1～2 粒，梨形，种子与果肉易分离。无核膨大处理后穗重 700～800 g，粒重 15～20 g，可溶性固形物 14%～15%，易裂果。萌芽率 81%，结果枝率 75%，花芽分化特好，极易丰产。在浙江海宁地区设施促成栽培，4 月初萌芽，5 月下旬开花，8 月上中旬浆果成熟。在郑州地区，3 月下旬萌芽，4 月中下旬开花，7 月中下旬浆果成熟。嫩梢浅绿色，梢尖半张开，带浅红色晕，密生茸毛。幼叶浅红色，茸毛多。成龄叶特大，近圆形，绿色，上表面有浅网状皱纹，下表面有稀疏茸毛。叶片 5 裂，上中裂刻深，下裂刻浅，裂刻基部 "V" 形。叶柄洼宽拱形。叶柄中等长，绿色，略带红晕。一年生枝暗黑色。两性花，裂果重，果实越大越易裂果。黑痘病、白腐病发病较轻，炭疽病中等，灰霉病、穗轴褐枯病较易发生。需严格疏穗、疏粒和用允许的激素增大果粒，以提高商品性，宜中梢修剪（图 1-66 至图 1-68）。

图 1-66 藤稔嫩梢

图 1-67 藤稔叶片

图 1-68 藤稔单穗

栽培要点：采用SO4或5BB或华佳8号嫁接。无核化处理：以25 mL/kg赤霉素在盛花末期浸渍花穗，隔10 d再重复浸渍1次，2次中其中一次添加2 mL/kg氯吡脲，果粒大且穗梗不易硬化、品质好、适应性强，全国各地均可种植。

3. 夏至红

欧亚种，早中熟，生长势中等偏旺。中国农业科学院郑州果树研究所育成，亲本为绯红×玫瑰香，2009年通过河南省林木品种审定委员会审定，并正式定名为夏至红。生长势强。果穗圆锥形，无岐肩，无副穗，其中果穗长度18.4 cm，果穗宽度11.2 cm，果穗重量469.3 g，果粒着生较紧密，穗形整齐，果粒近圆形，果粒大小均匀（除花期温度异常外），果粒横断面近圆或椭圆形，果粒颜色粉红色，果粉厚，果粒平均重量7.45 g，纵径2.55 cm，横径2.2 cm，果皮中等厚，果汁颜色浅，果肉颜色浅，汁液较多，略带涩味，肉较红地球硬脆，可溶性固形物含量达17%～21%，萌芽率93.5%，结果枝率达90.8%。在浙江海宁地区，3月中下旬萌芽，5月上旬开花，7月上中旬浆果成熟。在河南省郑州地区，夏至红4月初萌芽，5月中开花，果实成熟在6月底至7月初。鲜食。嫩梢形态半开张，颜色红色，茸毛较少。幼叶上表面颜色紫红色，有光泽，茸毛少。成龄叶片较大，心脏形，颜色为绿色，叶片平展，中等厚。叶片5裂，缺刻深，上缺刻稍重叠，基部形状为"U"形，下缺刻重叠，基部形状为"U"形，叶背具刺毛少。锯齿形状为双侧凸。两性花，第1花序一般着生枝条的3～4节，每新梢着生2～3个花序。每果粒中有1～3粒种鲜食。

栽培要点：适宜任何架式，株行距以1.5 m×（2.5～5）m；龙干形、单干双臂形均可，中短梢混合修剪。提早抹芽、定梢、疏穗；结果枝花上留1叶摘心自然拉长花序减少疏果工作量；开始转色摘除果穗上方老叶和环剥主干以利上色。适合浙江及同类设施栽培。注意防治灰霉病。花期对农药较敏感（图1-69至图1-72）。

图1-69 夏至红幼叶

图1-70 夏至红叶片

图1-71 夏至红嫩梢

图1-72 夏至红单穗

4. 维多利亚

欧亚种，早中熟，生长势中等。引自罗马尼亚。亲本为绯红×保尔加尔，果穗圆锥形或圆柱形，平均穗重558.2 g，穗长19.1 cm，穗宽15.2 cm。着粒中等紧密。果粒椭圆形，粒重8～10 g，果皮中厚，黄绿色，果肉硬脆，果实硬度中等，汁中等多，可溶性固形物12%～15%，可滴定酸含量0.37%，口感淡。花芽分化特别好，结果枝率高，每结果枝平均果穗数1.3个，副梢结实力较强。在浙江海宁地区，3月下旬萌芽，5月上旬开花，7月中下旬浆果成熟。在河北昌黎地区，4月中下旬萌芽，5月底开花，8月上旬浆果成熟。嫩梢绿色，具极稀疏茸毛；幼叶黄绿色，边缘稍带红晕，具光泽，叶背茸毛稀疏；成龄叶片中等大，近圆形，黄绿色，叶中厚，叶缘稍下卷；叶片3～5裂，上裂刻浅，下裂刻深；锯齿小而钝；叶柄黄绿色，叶柄与主脉等长；叶柄洼开张宽拱形。新梢半直立，节间绿色。1年生成熟枝条黄褐色，节间中等长。该品种挂果期长，抗灰霉病能力强，抗霜霉病和白腐病能力中等。果实成熟后不易脱粒，较耐运输。栽培中结果枝花上留1叶摘心拉长花序，减少疏果工作量，促进花芽分化。该品种以贝达作砧木比较适宜。冬季采用长梢修剪。该品种采前注意控水防治裂果的发生。在北京二次果的品质明显比一次果好。在浙江及同类生态区适宜双天膜促早栽培，但品质一般。因其近成熟时易裂果适当早采（图1-73至图1-77）。

图1-73 维多利亚幼叶

图1-74 维多利亚叶片

图1-75 维多利亚结果状

图1-76 维多利亚新梢

图1-77 维多利亚果

5. 金田蜜

欧亚种，早中熟，生长势弱。河北科技师范学院和昌黎金田苗木有限公司共同育成，亲本里扎马特 × 红双味。果穗圆锥形，单歧肩，有副穗，紧。平均果穗重量561.6 g，果穗长度18.0 cm，果穗宽度15.3 cm，全穗果粒成熟一致，果梗与果粒分离难，果粒椭圆形，果粒整齐，果粒横断面近圆，果粒颜色黄绿色，果粉中等厚。果粒平均重量 6.8 g，纵径 2.5 cm，横径 2.2 cm，果皮薄，果皮无涩味，果汁颜色较浅，果肉颜色极浅，汁液较多，有香味，质地较脆。可溶性固形物含量 15.7%。萌芽率 89.6%，结果枝率达 90.7%。在浙江海宁地区，3 月下旬萌芽，5 月上旬开花，7 月下旬浆果成熟。从萌芽到浆果成熟需 120～121 d。鲜食。在河北省昌黎县果实于 7 月 20 日成熟。嫩梢形态半开张，无花青素着色，茸毛中等。幼叶上表面颜色绿色，着色浅红，无茸毛。新梢姿态半直立，生长势弱。成熟叶片叶型单叶，近圆形，绿色，叶面平展，锯齿形状双侧凸，上裂刻重叠，下裂刻开张、"V"形，叶柄洼基部形状呈宽拱形。花序花性雌性具反卷雄蕊，第 1 花序位置 6 节。在浙江栽培容易产生单性果，且比例比有籽果高，提高果穗商品性，可疏除有籽果，再经赤霉酸膨大处理，穗重 460 g，果穗长度 13.5 cm，果穗宽度 10.8 cm，果粒长椭圆，平均重量 5.6 g，纵径 2.9 cm，横径 1.9 cm，可溶性固形物含量 16%～17%。注意该品种灰霉病、果锈严重，白粉病、酸腐病、白腐病较严重，还有裂果与缩果发生。不适宜在浙江及同类生态区栽培（图 1-78 至图 1-80）。

图 1-78　金田蜜叶片

图 1-79　金田蜜嫩梢

图 1-80　金田蜜果

6. 红巴拉多

欧亚种，早中熟，生长势中等，引自日本。果穗大，平均穗重 600 g，最大粒穗重约 1 000 g。果粒大小均匀，着生中等紧密，果粒椭圆形，最大单粒重 8～12 g。果皮鲜红色，皮薄肉脆，可以连皮一起食用，含糖量高，可达 15%～18%。无香味，口感偏淡。萌芽率 72.7%～79.3%，结果枝率达 56.5%～93.8%。在浙江海宁地区，3 月中下旬萌芽，5 月上旬开花，7 月下旬浆果成熟。嫩梢梢尖闭合，花青素着色弱，茸毛疏，有光泽幼叶上表面紫红色，着色浅红，茸毛疏，下表面茸毛极疏。叶片浅5裂，上裂刻重叠、"V"形，下裂刻开张、"U"形，心脏形或肾状形，深绿色，叶缘向下反卷，叶柄洼拱形，叶缘锯齿两侧凸，叶色深。叶脉花青素着色中等，叶脉匍匐茸毛中，叶间匍匐茸毛疏。新梢嫩叶微紫色，新梢条呈紫红色，枝条叶柄阳面紫红色。叶腋易抽发新条。延后至9月中旬采收，可溶性固形物18.3%。栽培中结果枝花上留1叶摘心拉长花序，减少疏果工作量。该品种以贝达作砧木比较适宜。冬季采用长梢修剪。该品种采前注意控水防治裂果的发生。该品种上色不易，采前15 d 摘除老叶，地面铺双色反光膜，转色前10 d 环剥主干或结果母枝，促进果实着色。国家葡萄产业技术体系杭州综合试验站浙江海宁杨渡核心示范园区，表现产量高且可以延后采摘至9月中旬，秋季叶色美，适合观光旅游种植（图1-81至图1-83）。

图1-81 红巴拉多叶片

图1-82 红巴拉多嫩梢

图1-83 红巴拉多果

7. 奥古斯特（图1-84）

欧亚种，早中熟，生长势较强，引自罗马尼亚，亲本为意大利×葡萄园皇后，是玫瑰香系第二代品种。果穗圆锥形，平均穗重642.7 g，穗长16.6 cm，穗宽14.3 cm，着粒中等紧密。果粒椭圆形，粒重8 g，纵径3.3 cm，横径2.2 cm，大小均匀一致，果皮中厚，黄绿色，果粉薄，皮易剥，果肉硬而脆，汁中等多。可溶性固形物14%～16%，可滴定酸0.43%，稍有玫瑰香味，味清淡而无味，种子1～3粒，品质一般。花芽分化中等，副梢结实力强，结果枝率达50%，每结果枝平均果穗1.6个，丰产性强。嫩梢绿色带暗紫红色，有稀疏茸毛，新梢半直立，茸毛稀疏，节间具紫红色晕或条纹。幼叶黄绿带紫红色，具光泽，叶背茸毛中等密；成龄叶片中等大，黄绿色，叶中厚，心脏形，3～5裂，上裂刻中，下裂刻深，锯齿大而锐；叶柄及主脉呈紫红色，叶柄与主脉等长或长于主脉；叶柄洼开张拱形，节间中等长，1年生成熟枝条暗褐色；两性花。新梢、叶柄及叶片基部主脉均呈紫红色，是主要识别特征。该品种结果早，丰产性强，抗病性较强，抗寒性中等；果实耐拉力强，不易脱粒，耐运输。但成熟期水分供应不匀，果粒有裂果现象。在浙江海宁地区，3月下旬萌芽，5月上旬开花，7月中下旬浆果成熟。在河北昌黎地区，4月中旬萌芽，5月下旬开花，7月底浆果成熟。采用日光温室一次果6月上旬成熟上市，二次果9月上旬成熟，品质更好。栽培中结果枝花上留1叶摘心拉长花序，减少疏果工作量，促进花芽分化。该品种以贝达作砧木比较适宜。浙江及同类生态区冬季采用长梢修剪，北方采用中、短梢修剪。该品种采前注意控水防治裂果的发生。

图 1-84　奥古斯特单穗

四、早中熟有籽有香

1. 丛林玫瑰

欧美杂交种，早熟，生长势中等偏强。元谋丛林玫瑰葡萄种植有限公司育成，亲本为醉金香 × 藤稔，登记编号：GDP 葡萄（2020）530012。果穗呈圆锥形，带副穗，穗重480～750 g，粒紧密度中等，果粒成熟较一致，果粒呈短椭圆形，果皮暗紫红色，果粒整齐，果粉较多，单粒重10～14 g，最大粒重20 g，横切面呈圆形，果皮较薄稍有涩味，果皮与果肉不易分离。果肉嫩脆细腻，果肉与种子易分离，无肉囊，汁液多，具有纯正浓郁玫瑰香味，可溶性固形物含量18.2%～22%，品质优。种子1～3粒，种子较大。花芽分化和丰产、稳产性均好，萌芽率92%，结果枝率达79%，结果枝平均果穗数1.6个。在浙江海宁地区，3月中下旬萌芽，5月初开花，7月中旬浆果成熟，较夏黑迟4～6 d成熟。嫩梢形态闭合，花青素着色中等，茸毛中密。幼叶绿色有紫红色润，有光泽，下表面茸毛中密。成龄叶片大而肥厚，心脏形，绿色（似醉金香），锯齿大，形状双侧凸或一直一凸。5裂，上裂刻深、重叠，呈"U"形，下裂刻深、重叠，呈"U"形，叶柄洼基部形状呈宽拱形，叶背有短刺毛，叶脉花青素无。新梢生长半直立，节间背侧颜色绿。两性花，花序第1花序位置第3～4节（图1-85至图1-88）。

图1-85 丛林玫瑰叶片正面（左）和背面（右）

图1-86 丛林玫瑰嫩梢　　**图1-87 丛林玫瑰幼叶**　　**图1-88 丛林玫瑰果**

栽培要点：幼树，在高温多湿地区注意控旺，株距放宽至 2 m，避免单独用氮肥，使用平衡肥。省力化栽培的只保果 1 次，基本不疏果。如果生产大粒的，无核处理后一周需疏果，留 40～60 粒，隔 12 d 左右膨大 1 次，无核化处理的短梢修剪，配方参考藤稔。产量控制在 1 500 kg/667 m² 以内。

节约肥成本 33.3% 方法：萌芽前施入尿素和磷酸二氢钾各 2.5 kg/667 m²；保果后，追加尿素 7.5 kg/667 m² 和磷酸二氢钾 5 kg/667 m²。果实转色期，主要施用尿素 5 kg/667 m² 和磷酸二氢钾 7.5 kg/667 m²。深秋施用腐熟有机肥 1.5 t/667 m² 和磷肥 25 kg/667 m²。果穗大部分着色时用 800～1 000 倍的磷酸二氢钾喷施叶面，提高糖度。铺反光膜、环剥、打老叶等措施促进着色。在浙江以 6 芽中梢修剪为主，新梢间距 18～20 cm。在多雨地区注重穗轴褐枯病和霜霉病防治。硬核期重点防治白腐病和炭疽病。

2. 醉金香

欧美种，早熟偏中，生长势极强。辽宁省农业科学院育成，亲本为 7601（玫瑰香优良芽变）× 巨峰。果穗圆锥形，单岐肩，无副穗，果穗重量 764.6 g，果穗长度 18.2 cm，果穗宽度 14.3 cm，果穗紧密度松，全穗果粒成熟一致，果梗与果粒分离极易，果粒倒卵形，果粒整齐，果粒横断面近圆，果粒黄绿色，果粉中等厚，果皮中等厚，果皮稍有涩味，果粒平均重量 7.4 g，纵径 2.5 cm，横径 2.3 cm，无核化处理后平均粒重 11 g 大，纵径 3.4 cm，横径 2.5 cm，可溶性固形物 17.8%～23%，可滴定酸含量为 0.60%，种子 1～3 粒，果汁颜色浅，果肉颜色浅，汁液多，质地软，不耐贮运。在浙江海宁地区促成栽培，3 月下旬萌芽，5 月上旬开花，7 月下旬浆果成熟，萌芽率 80%～93.3%，结果枝率达 55%～92.9%。在辽宁沈阳地区，5 月上旬萌芽，6 月中旬开花，9 月上旬浆果成熟。鲜食嫩梢形态半开张，无花青素着色，茸毛极密。幼叶上表面颜色绿色，着色浅红，有光泽，茸毛密，下表面稀疏茸毛。成龄叶片叶型单叶特大，心脏形，绿色，上表面粗糙略具小泡状，下表面网状茸毛，锯齿形状侧凹侧凸，裂片数 3 或 5 裂，上裂刻浅重叠、呈"V"形，叶柄洼基部形状宽拱形，叶背茸毛丝毛，叶脉花青素无。新梢姿态直立，节间背侧颜色绿具红色条纹，花序第 1 花序位置 3～4 节。一年生枝黄褐色（图 1-89 至图 1-92）。两性花。

栽培要点：避雨或简易避雨保温的果穗需用赤霉酸拉长，浓度为 5～10 mg/L，时间为花前 20 d 左右（新梢 6～10 叶时）。该品种易出现单性果，所以保果膨大或无核化栽培果穗商品性好。保果膨大：在生理落果期用赤霉素 25 mg/L 加吡效隆 5 mg/L 浸或喷果穗。无核化栽培的：最好以长势旺砧木嫁接的如耐酸耐湿的 SO_4 或耐盐碱的 5BB 或耐涝的华佳 8 号或耐寒的贝达砧，中梢修剪，枝条旺且生长较一致；在葡萄花序满开花前后 2 d，用赤霉素 15～25 mg/L 喷花序无核处理，隔 10～15 d 用赤霉素 25 mg/L 加 5 mg/L 吡效隆喷果穗保果和膨大。另外，该品种易日灼高温来临前果穗避免强光直射。果粒易落因此花蕾分离期整穗、疏花，使果穗成圆柱状；采果前树上修去坏果子，套上泡沫网袋，采后直接装箱，单层包装为宜。延后至国庆采摘的，用生物农药防灰霉病、白粉病、炭疽病等，用糖醋液诱杀吸果夜蛾，性诱剂诱杀斜纹夜蛾等杀虫；采用延缓叶片早衰的叶面肥防止基部叶早黄和早落。夏季修剪

图 1-89　醉金香叶片

图 1-90　嫩梢正面（左）和背面（右）

图 1-91　醉金香（有籽）

图 1-92　醉金香（无核化）

营养枝留时方向与冬季修剪时绑扎方向一致,该品种枝脆绑蔓时易折断。

3. 黑色甜菜

欧美杂种,早中熟,生长势中偏旺。引自日本。果穗较大,圆锥形,带岐肩,穗长 15.2 cm,穗宽 12.2 cm,平均穗重 559.6 g,果粒短椭圆形,自然粒重平均 13.7 g,最大粒 21 g,TSS 为 17.6%,风味浓,无核处理后平均粒重 18 g,最大 30 g。紫黑色,果皮厚,果粉多,果皮与果肉易分离,上色较好,肉质较硬脆,多汁美味,可溶性固形物 16%～17%,风味、品质与藤稔相似。萌芽率 100%,结果枝率 92%。在浙江海宁地区,3 月下旬萌芽,5 月上旬开花,7 月下旬浆果成熟,生长势强,丰产易种,比巨峰早熟一个月左右。嫩梢绿色,梢尖附带淡红色。幼叶前端淡红色,具茸毛。成龄叶片大,五角形,5 裂,叶面暗绿色,叶身横截面为波浪形,叶缘锯齿锐,双侧直,叶裂刻深开张,上裂刻多有重叠,上表面暗绿色,叶柄淡红色,下叶脉茸毛从疏到密,下主脉上茸毛较密。一年生熟枝条粗壮,表皮暗褐色,横截面椭圆形,表面有细槽。栽培方式参考藤稔(图 1-93 至图 1-96)。

图 1-93 黑色甜菜叶片

图 1-94 黑色甜菜嫩梢

图 1-95 黑色甜菜幼叶

图 1-96 黑色甜菜(无核化)

4. 早甜

欧美杂交种，早中熟，生长势较强。浙江省农业科学院园艺研究所与金东区昌盛园艺场共同育成，2006年通过浙江省品种认定。果穗圆锥形，无岐肩，无副穗，果穗重量370～650 g，果穗紧密度中，全穗果粒成熟不一致，果梗与果粒分离较难，果粒圆球形或卵圆形，果粒较整齐，果粒横断面近圆，果粒紫红色，果粉厚，一般管理单粒重10.4 g（不疏果），良好栽培单粒重12 g，在保果、疏果条件下的平均粒重13.9 g，果皮中厚，紫红（黑）色，果粉厚，果肉稍脆，果汁中多，可溶性固形物含量（TSS）16%～19%，完熟栽培达20.5%，含酸量0.52%，略带香味，每果粒内多为1粒种子，品质优。萌芽率90.3%，结果枝比例达95.5%，每果枝平均有1.5个花序。在浙江天台九穗儿葡萄基地12月底双天膜覆盖大棚促成栽培，6月中旬浆果成熟，1月中下旬单膜大棚促成栽7月初成熟。幼叶黄绿色，叶片茸毛较多，叶边缘呈浅紫红色。成龄叶片大，心脏形或圆形，深绿色，叶片表面光滑平展，下表面有茸毛，浅5裂，上裂刻稍有重叠，叶缘锯齿大，稍钝。叶柄洼拱形。叶柄中长，淡红色。一年生枝黄褐色，表面光滑。两性花。

栽培要点：花期禁水防落花落果；硬核期，浆果着色期控制水分，有利着色断，防止裂果（畦沟铺膜排雨水）。保果：若花前枝蔓生长十分强健，可进行花前两次摘心。即第1花序上方第三叶完全展开后，花序上方留3叶摘心。除嫩梢前方两个副梢继续生长外，抹除其余萌发的副梢；第二次摘心即花前摘心，对两个副梢留2叶摘心；长势偏旺的树相花后10～12 d用益果灵保果。促进果实着色：多层膜覆盖促早栽培的每667 m² 产量控制在1 100～1 250 kg，避雨栽培的可达1 500 kg；开始转色前10 d主干环剥，宽度2～3 mm；摘除果穗附近2～3张老叶；地面铺双色的光膜。防病治虫：主要花期防灰霉病，雨季和秋季防霜霉病。无核化栽培的，适宜"一"字形、"H"形整形，极短梢修剪，使结果枝生长均匀，整穗、疏花、无核处理可参考巨峰。注意无核化处理的果实易裂果，因此成熟前半月降低地下水位、沟内铺膜排出天降水以防裂果。有籽栽培的，新梢基部粗控制在8 mm左右为宜的枝相，用作结果母枝的粗度8～10 mm，中长梢修剪，生理落果后期环剥主干保果，花前基本不施肥，坐稳果后施肥（图1-97至图1-101）。

图1-97 早甜叶片

图1-98 早甜嫩梢

图1-99 早甜幼叶

图1-100 早甜小穗形

图1-101 早甜标准穗

5. 宇选1号

欧美杂种，早中熟，生长势较强。为乐清联宇葡萄研究所与浙江省农业科学院园艺研究所等单位共同育成，为巨峰变异株，2011年通过浙江省品种审定。果穗圆锥形，自然生长穗重510～680 g，穗型较整齐，中等紧凑。自然粒重12～13.5 g（巨峰10～11 g），果粒着生中等紧密，大小均匀，成熟度一致。果形椭圆，少数倒卵圆形。果皮紫黑色，易剥离，无涩味。果肉软，汁液紫红色，略有草莓香味，可溶性固形物17.5%～19.5%，最高达20.5%，总酸0.40%，口感甜、鲜，品质上等。种子数1～3粒。萌芽率90.4%，结果枝率86.9%（巨峰约82.5%），每果枝花穗数1.6个，在浙南乐清市，设施栽培条件下3月初萌芽，4月中旬开花，6月中旬新梢开始成熟，果实开始着色，7月上中旬果实成熟，比巨峰早熟约7 d，属中熟偏早品种。在浙江海宁地区，3月下旬萌芽，5月上旬开花，8月上旬浆果成熟。鲜食。嫩梢形态闭合，淡紫红色，茸毛极密。幼叶上表面颜色黄绿色，着色浅红，有光泽，茸毛中等，叶下表面茸毛较密。成龄叶片叶型单叶较大，近圆形，深绿色，叶面平展，锯齿形状双侧凸，裂片数3～5裂，上裂刻闭合、呈"U"形，叶柄洼基部形状宽拱形，叶背茸毛丝毛，叶脉花青素无。新梢姿态直立，节间背侧颜色绿具红色条纹。花序第1花序位置3～4节。

栽培要点：在我国南北方均可栽培。宜采用飞鸟形架，结合"T"形树形，双芽短梢修剪；或用水平棚架，结合小"X"形树形，长短梢混合修剪。基肥以牛羊粪等低热量有机肥为主，不施催芽肥、壮梢肥，齐芽后至开花前不灌水，开花前喷2次硼酸加磷酸二氢钾，控制中庸树势，确保坐果。花期遇到低温或高温需保果。注意无核化处理的果实易裂果，因此成熟前半月降低地下水位、沟内铺膜排出天降水以防裂果。有籽栽培的生理落果后期环剥主干保果。注意叶面肥施用，适时采收，防止过熟引起果面后期发生白色霉斑（图1-102至图1-103）。

图1-102 宇选1号叶片

图1-103 宇选1号嫩梢（左）和1号果（右）

6. 京亚

欧美种，早中熟，生长势中等偏弱。中国科学院北京植物园育成，为黑奥林的实生后代。果穗圆锥形或圆柱形，有副穗，无核化栽培，平均穗重428 g，果穗长度18.8 cm，果穗宽度11.1 cm，着粒中等紧密。果粒椭圆形，较大，粒重8.1 g，纵径2.5 cm，横径2.16 cm，着色漂亮，果皮蓝黑色，中等厚而较韧，果粉厚，果肉硬度中等或较软，汁多，味酸甜，略有草莓香味。每果粒种子 0～2 粒，种子中等大，椭圆形，黄褐色，外表有沟痕，种脐不突出，喙较短，种子与果肉易分离，不易裂果。可溶性固形物 15.2%，可滴定酸含量 0.7%。萌芽率 80%，结果枝占芽眼数 55.2%，每果枝平均着生果穗 1.5 个。在浙江海宁地区设施栽培，3 月中旬萌芽，5 月上旬开花，7 月中旬浆果成熟。嫩梢绿色，梢尖开张，紫红色，有稀疏白色茸毛。幼叶绿色，带浅紫红色晕，上表面有光泽，下表面有浅红色茸毛。成龄叶片中等大，心脏形或近圆形，深绿色，上表面无皱褶，下表面密布灰白色茸毛。叶片 3 或 5 裂，上裂刻深，基部椭圆，下裂刻浅，基部楔形或窄缝形、叶柄洼开张矢形，基部扁平或矢形。两性花，花芽分化好，丰产性中等，隐芽萌发结实力弱，枝蔓较细。抗病性中等，易发灰霉病、霜霉病，宜中、短梢结合修剪。在浙江及同类生态区实行无核化栽培，提早成熟，效益高（图 1-104 至图 1-107）。

图 1-104 京亚嫩梢

图 1-105 京亚叶片

图 1-106 京亚（自然果）

图 1-107 京亚果（无核化）

7. 早黑宝

欧亚种，早中熟，生长势中等。系山西省农业科学院用瑰宝与早玫瑰杂交选育而成。2001年3月通过山西省农作物品种审定委员会审定。果穗圆锥形，单岐肩，无副穗，平均果穗重415.2 g，穗长16.9 cm，穗宽10.4 cm，果粒短椭圆或近圆形，果皮紫红色，果皮厚度中等，有涩味，果粉厚度中等，果粒平均重量7.1 g，纵径2.4 cm，横径2.1 cm，种子充分发育，果汁颜色极浅，果肉颜色极浅，汁液多，玫瑰香味，质地软，可溶性固形物含量15.7%，可滴定含量0.39%。萌芽率平均71.5%，结果枝率平均64.2%，每果枝平均着生果穗数为1～2个。在浙江海宁地区，3月中旬萌芽，5月上旬开花，7月下旬浆果成熟。从萌芽到浆果成熟需114～125 d。鲜食。嫩梢形态开张，花青素着色中，稀疏茸毛。幼叶上表面颜色紫红色，着色浅红，有光泽，上下表面稀疏茸毛。成龄叶片小，心脏形，5裂，裂刻浅，绿色，叶面平展度具皱褶，叶缘向上，锯齿形状双侧直，叶柄洼基部形状呈"U"形，叶背有稀疏刚状茸毛，叶脉花青素中。新梢姿态直立，节间背侧颜色红。花序第1花序位置4～5节。一年生成熟枝暗红色。在山西萌芽率平均66.7%，结果枝率平均56.0%，每果枝平均着生果穗数为1.37。

栽培要点：花芽易形成，但花序过短、紧凑，花期花帽不易脱落，易单性结实，果粒大小不均匀，成熟期正值梅雨季易裂果，抗灰霉病能力差。浙江地区栽培易发生灰霉、裂果和大小粒。适宜华北、西北地区栽植，该品种果粒较紧，需整穗、疏花，产量控制在22.5～27.0 t/hm^2。着色阶段增大快，所以加强着色前的肥水管理（图1-108至图1-111）。

图1-108　早黑宝叶片　　图1-109　早黑宝嫩梢

图 1-110 早黑宝（浙江海宁果）　　　　图 1-111 早黑宝（北方果）

8. 黄蜜

欧美杂交种，中熟偏早，生长势强，引自日本。平均自然果穗重 312 g，果穗长度 15.6 cm，果穗宽度 9.4 cm，全穗果粒成熟较一致，果梗与果粒分离易，果粒倒卵圆形，果皮黄绿色，果粉薄，果粒平均重量 7.4 g，纵径 2.74 cm，横径 2.03 cm，种子 2 粒，果皮厚，有涩味，果汁颜色极浅，果肉颜色极浅，汁液较多，草莓香味，质地较脆，可溶性固形物含量 18.3%～22.5%，风味浓郁，品质好。萌芽率 97.2%，结果枝率达 68.6%。在浙江海宁地区，3 月中旬萌芽，5 月上旬开花，8 月中旬浆果成熟。嫩梢形态半开张，无花青素着色，茸毛极密。幼叶上表面颜色绿色，着色浅红，茸毛密。新梢姿态半直立，节间背侧颜色绿色，生长势强。成熟叶片单叶，肾形，绿色，叶面平展，裂片数全缘，叶柄洼基部呈宽拱形，叶背茸毛丝毛，无叶脉花青素。第 1 花序位置 3～4 节。栽培中注意：该品种花序分蕾期至花期易感染灰霉病，落花落果重，需整穗保果；幼果期易感染白粉病，成熟后易裂果。适合无核化栽培，因花序过长、大，需整穗、疏花蕾，无核保果膨大处理方法参考醉金香（图 1-112 至图 1-114）。注意防气灼和日灼。

图 1-112　黄蜜叶片　　　　图 1-113　黄蜜　　　　图 1-114　黄蜜嫩梢

9. 贵妃玫瑰

欧亚种，早中熟，生长势中偏强。山东省酿酒葡萄科学研究所育成，亲本是红香蕉×葡萄园皇后。果穗形状圆锥形，双岐肩，有副穗，其中果穗长度 16.1 cm，果穗宽度 12.8 cm，果穗重量 516.8 g，果穗紧密中等，果粒成熟一致，果梗与果粒分离难，果粒椭圆形或近圆形，果粒整齐，果粒颜色黄绿色，果粉薄，果粒平均重量 9.9 g，纵径 3.0 cm，横径 2.4 cm，种子充分发育，种子粒数 2 粒，果皮厚度中等，无涩味，果汁颜色极浅，果肉颜色极浅，汁液多，玫瑰香味，香味浓，质地脆，果实含糖量 12.97%，果实含酸量 2.72%，可溶性固形物含量 14%～15%，鲜食。萌芽率 93.9%，结果枝率达 83.9%，每果枝平均着生果穗数为 1 个。在浙江海宁地区，3 月中旬萌芽，4 月下旬开花，7 月中下旬浆果成熟。从萌芽到浆果成熟需 125 d 左右，较巨峰成熟早。在山东济南，4 月初萌芽，5 月上中旬开花，7 月上中旬成熟。嫩梢形态半开张，无花青素着色，茸毛中等。幼叶上表面颜色黄色，有光泽，无茸毛。新梢姿态直立，节间背侧颜色绿具红色条纹，生长势强。成龄叶中等大，肾形，绿色，叶面平展度叶缘下卷，锯齿形状双侧直，裂片数全缘，叶柄洼基部形状呈宽拱形，无叶背茸毛，无叶脉花青素。花序花性两性，第 1 花序位置 3～4 节。早中熟，适应性广，结实能力强，易成花早结果，但成熟期易发生果梗裂果引发病害，需注意水分供应均匀，成熟前半月降低地下水位、沟内铺膜排出天降水以防裂果，因成熟早、外观美，可作观光旅游搭配种植。适宜单十字飞鸟形架。体系示范县余姚沈如峰示范基地进行"H"整形表现枝发育不良（图 1-115 至图 1-116）。

图 1-115　贵妃玫瑰叶片　　　　图 1-116　贵妃玫瑰嫩梢（左）和果（右）

10. 瑞都香玉

欧亚种，中早熟，树势中庸偏旺。北京市农林科学院林业果树研究所杂交育成，亲本为京秀×香妃。2007年通过北京作物品种审定委员会审定。果穗长、圆锥形，有副穗或岐肩，平均穗重515.2 g，穗长22.9 cm，宽13.9 cm，果粒着生较松。果粒椭圆形或卵圆形，平均粒重7.2 g，纵径2.6 cm，横径2.4 cm，最大单粒重8 g。果皮黄绿色，薄至中，较脆，稍有涩味。果粉薄。果肉质地较脆，硬度中至硬，酸甜多汁，有玫瑰香味，香味中等。可溶性固形物18%～19.4%，可滴定酸含量0.38%。种子3～4粒，外表无横沟，长度中等，种脐稍可见。嫩梢梢尖开张，茸毛中等。幼叶黄色，上表面茸毛密度中等，有光泽，花青素着色中等，下表面茸毛密，叶片厚度中等。成龄叶中等大小，心脏形，绿色，中等厚。5裂，叶缘上卷，上裂刻稍重叠，下裂刻开张，锯齿性状为双侧凸，叶柄比主脉短，叶柄洼形状为矢形，叶背毡毛，茸毛密度中等，上下表面叶脉花青素着色极弱。新梢半直立，生长势中等，节间背侧绿具红条纹，节间腹侧绿色，无茸毛，副梢生长力中等，卷须间断，卷须长度中等，冬芽花青素着色弱。丰产性强。在浙江海宁地区一般3月中旬萌芽，4月下旬开花，7月下旬果实成熟，"一"字形整形，中梢修剪，萌芽率达86%，结果枝率为79.1%。花序着生在结果枝的第2～7节。在体系示范县宁波余姚促早栽培3月上旬萌芽，4月上旬开花，7月上中旬浆果成熟。在北京4月中旬萌芽，5月下旬开花，8月中旬果实成熟（图1-117至图1-119）。

栽培要点：在浙江海宁小环棚避雨栽培较连栋大棚促成栽培效果好，主要表现在穗大、产量高。花芽分化容易，适宜短梢修剪。采用花序上留1叶摘心自然拉长花序无须疏果。采收期较短,过熟果粒自然皱缩,需适时采收,用极低浓度的氯吡脲浸果可使果实膨大减少缩果发生。扦插苗株距不宜过稀,一般1.5～3 m为宜。因该品种皮薄香味浓,果实一旦有香味注意防鸟和吸果夜蛾。浙江及同类生态区适宜设施促早栽培。华北、东北及西北地区适宜露天栽培。

图1-117 瑞都香玉嫩梢

图1-118 瑞都香玉叶片

图1-119 瑞都香玉果

11. 玉手指

欧美杂种,属中熟偏早,生长势中庸偏旺。浙江省农业科学院园艺研究所育成,金手指变异,2012年通过浙江省品种审定。果穗长圆锥形,中等大,松紧适度,美观,平均穗重485.6 g,最大727.1 g。果粒长形至弯形,黄绿色,充分成熟时金黄色,果粉厚,果皮薄,不易剥离,平均粒重6.2 g,最大可达8 g,果粒果形较金手指弯形明显,果形指数2.7,高0.5 cm,相比果顶尖。含可溶性固形物18.22%,最高达23.8%,果实甜,含酸量0.34%,有浓郁的冰糖、奶油香味,鲜食品质佳。每果粒多含种子1～2粒,种子长9.93 mm。不易裂果、不落粒,商品性好,较耐贮运,货架期长。每667 m^2产量1 500～2 000 kg。葡萄嫩梢开张,黄绿色,着红色弱,有茸毛,无光泽。幼叶上表面浅紫红色,下表面密生茸毛,新梢幼叶背面茸毛较金手指稍密,叶柄着红色弱于金手指。成龄叶中等大而厚,近圆形,纵横径约17.9 cm×19.9 cm,5裂,上裂刻闭合,下裂刻浅开张,锯齿锐,下表面疏生丝状茸毛。叶柄洼宽拱形,叶柄带浅红色。新梢生长较直立,节间背侧黄绿色,一年生成熟枝条灰黄色,表面有条纹,横截面近圆形,枝条中部节间长15.4 cm,粗0.9 cm。冬芽中等大,两性花。始果期早,定植第二年结果株率达90%以上,结实力强,成龄结果树平均结果枝率84.9%,枝条成熟度中等。在浙江嘉兴海宁避雨栽培条件下,3月中旬萌芽,4月下旬开花，7月下旬开始采收上市，成熟期比金手指早 7～10 d。从萌芽至浆果成熟所需天数为 128 d 左右。田间抗黑痘病病情指数较金手指低 8.26，抗病能力更强（图 1-120 至图 1-123）。

图 1-120　玉手指叶片　　　　　图 1-121　玉手指嫩梢

图 1-122　玉手指自然果　　图 1-123　玉手指（用葡丰灵）

栽培要点：苗木要求自根苗，适宜土壤条件比较好的地区，酸碱度适中、排灌方便、土壤疏松、土层厚，无根瘤蚜、线虫等，结果树率达 100%。土壤条件较差的采用嫁接苗育苗，经国家葡萄产业技术体系杭州综合试验站 22 个砧木的砧穗组合试验结果：能使该品种结果枝率达到 80% 的，适宜浙江省围垦涂地种植的砧木（抗根瘤蚜、抗线虫、耐盐碱、耐涝）有 R1、R17、R18；适宜丘陵山地种植的（抗根瘤蚜、耐旱的）有 R3、R17、R18 小环棚避雨较连栋大棚促成栽培表现穗大、产量高、不易发生日灼病。浙江玉环"三膜"覆盖促成栽培成熟期可提早到 6 月中旬单十字飞鸟形架。12 月 20 日至次年 1 月修剪，第一年留 3～4 芽定植，选留 1 根新梢作主干，待新梢长至 120～140 cm 时摘心，再培养 2～4 个副梢作为结果母枝，冬季留 2 根短梢修剪及 2～4 根中梢修剪的结果母枝。成龄树：梢间距为 15～18 cm，否则有易日灼，当结果枝长至花序上 4～5 叶时留 3 叶摘心，花序以下副梢全部去除，留花序上一副梢和顶副梢，待始花时 3～4 叶摘心，其余副梢留 1～2 叶绝后。冬季修剪时结果母枝一般留 6～7 芽，每 667 m^2 留新梢 4 000 个左右。病虫害主要防治绿盲蝽、吸果夜蛾（不套袋）等虫害和炭疽病、霜霉病等病害。植物生长调节剂可用葡丰灵使穗梗稍粗、果粒稍大，提高贮运性。

12. 早康宝

欧亚杂交种，早中熟，生长势中等。山西省农业科学院果树研究所杂交选育，亲本为瑰宝×无核白鸡心。果穗圆锥形，有岐肩。平均果穗重 391.6 g，穗长 16.6 cm，穗宽 10.3 cm，果粒着生紧密，全穗果粒成熟较一致，果梗与果粒不易分离，果粒倒卵形，果粒不整齐，果粒横断面近圆，果粒颜色紫红色，果粉较厚，果粒平均重量 3.9 g，纵径 1.8 cm，横径 1.7 cm，无种子或有 1～2 粒残核，果皮薄，果汁颜色浅，汁液较多，具玫瑰香味，质地硬脆，可溶性固形物含量 14.6%，可滴定酸 0.37%。花芽分化和丰产、稳产性均好。萌芽率 81.7%，结果枝率达 79.3%。在浙江海宁地区避雨栽培，3 月下旬萌芽，5 月上旬开花，7 月下旬浆果成熟。鲜食。嫩梢形态开张，黄绿色带紫红色，茸毛稀疏。幼叶浅紫红色，有光泽，花青素着色中，叶正面具稀疏茸毛，叶背有稀疏状直立茸毛。成熟叶片叶型单叶中等大小，近圆形，绿色，叶面平展，叶缘向上，5 裂，叶缘锯齿锐，上裂刻轻度重叠，中等深，基部形状呈"V"形，叶柄洼基部形状为闭合椭圆形，叶表面无茸毛，粗糙，叶背面有稀疏刚状茸毛，叶脉花青素着色程度中等。新梢生长半直立，节间背侧颜色均为绿带红条带。两性花，第 1 花序一般着生在第 3～4 节，第 2 花序着生在第 5 节（图 1-124 至图 1-126）。

栽培要点：该品种果粒着生紧密，果穗过紧，生产上必须整穗疏花疏果。在浙江以中长梢修剪为主，注意防治灰霉病、酸腐病、穗轴褐枯病。北方整枝修剪，宜篱架栽培，多主蔓扇形整枝，中短梢修剪，以中梢修剪为主。栽植密度，行距为 2.3～2.5 m，株距为 1.5 m 栽双株，双株的间距为 20～30 cm。在该品种的盛花期和花后 10 d，分别用奇宝 30 mg/kg 处理 1 次，可使果粒增大，提高无核葡萄的商品性。

图 1-124　早康宝嫩梢　　图 1-125　早康宝果　　图 1-126　早康宝叶片

13. 沈农金皇后

欧美杂交种，早中熟，生长势中等。沈阳农业大学葡萄课题组选育，从早熟葡萄 87-1 自交后代中选育出的新品种。果穗圆锥形，果穗重量 709～977 g，果穗长度 20.8 cm，果穗宽度 8.5 cm，果粒着生紧密，全穗果粒成熟较一致，果梗与果粒分离易，果粒椭圆形，果粒整齐，果粒横断面近圆，果粒颜色金黄色，果粉厚，果粒平均重量 5.01 g，纵径 2.06 cm，横径 1.99 cm，种子 1～2 粒，果皮薄，略有涩味，果汁无色，果肉无色，汁液多，有玫瑰香味，质地脆，可溶性固形物含量 15% 左右，可滴定酸 0.37%，不耐贮运。花芽分化和丰产、稳产性均好，在浙江海宁地区，3 月下旬萌芽，5 月上旬开花，8 月上中旬浆果成熟；萌芽率 78.8%，结果枝率达 77.8%。在沈阳地区，4 月底萌芽，6 月上旬开花，8 月下旬浆果成熟。鲜食，萌芽率 85.2%，结果枝率达 89.4%。嫩梢梢尖闭合，自然弯曲，绿色。幼叶绿色带红褐色，上表面无茸毛，有光泽，下表面茸毛中等，花青素着色程度中，下表面叶脉间和主脉上匍匐茸毛密度均为无或极疏，直立茸毛密。成龄叶大，近圆形，绿色，中等厚度，锯齿钝，叶片 3～5 裂，裂刻较深，叶柄洼基部形状呈闭合椭圆形，叶面无茸毛，叶背茸毛中等。新梢生长半直立，节间颜色腹侧绿色、背侧均为红色。两性花，第 1 花序着生位置在 3～5 节（图 1-127 至图 1-128）。一年生成熟枝红褐色。

栽培要点：浙江及同类生态地区可采用避雨栽培。注意疏花疏果及套袋，控制产量在每 667m² 在 1 500 kg 以内。在华北、东北及西北无霜期 130 d 以上地区可露地栽培，但雨季后注意防治黑痘病及白腐病。

图 1-127　沈农金皇后叶片

图 1-128　沈农金皇后果（左）和嫩梢（右）

14. 蜜光

欧美杂交种，早中熟，生长势中等偏强。河北省农林科学院昌黎果树研究所以巨峰作母本，早黑宝作父本，杂交选育而成的葡萄新品种。果穗圆锥形，带副穗。其中果穗长度 18.6 cm，果穗宽度 12.3 cm，果穗重量 491.6 g，果穗紧密度中等，全穗果粒成熟较一致，果梗与果粒分离难，果粒椭圆形，果粒整齐，果粒横断面近圆，果粒颜色紫红色，果粉中，果粒平均重量 9.7 g，纵径 2.8 cm，横径 2.4 cm，有种子，果皮中厚，稍有涩味，果汁颜色浅，果肉颜色浅，汁液中，玫瑰香味中，质地中，可溶性固形物含量 18.2%～19.0%，可滴定酸含量 0.49%，品质好，不耐贮运。花芽分化和丰产、稳产性均好，萌芽率 85.7%，结果枝率达 83.3%。在浙江海宁地区，3 月下旬萌芽，5 月上旬开花，7 月下旬至 8 月上旬浆果成熟。鲜食。嫩梢形态半开张，无花青素着色，茸毛疏。幼叶上表面颜色酒红色，叶背茸毛疏。成熟叶片叶型单叶，心脏形，深绿色，裂片数 5 裂，叶柄洼基部形状呈宽拱形，叶背茸毛毡毛疏，无叶脉花青素。新梢生长直立。两性花，花序第 1 花序位置 3～4 节。抗酸腐病、灰霉病、日灼能力较弱；抗冻能力较弱，2016年春零下12℃，20%受冻后树势偏弱，叶提早黄化（图1-129至图1-131）。

图1-129 蜜光叶片　　　图1-130 蜜光嫩梢　　　图1-131 蜜光果

栽培要点：扦插、嫁接繁殖苗均可。浙江等南方地区采用"一"字形或"H"形整形，飞鸟形叶幕，行距2.5～3 m，株距1～4 m。花前3 d果穗整形，留穗尖10 cm。花前至始花期控梢保果，避免直接浸果保果减少裂果。果穗套袋确保外观品质，在花后25 d，疏粒，果粒为黄豆大时套袋为宜。北方小棚架栽培用独龙干整形，株距0.8～1 m，行距4.0 m，栽植167～208株/667 m^{2}为宜；篱架栽培可用单干单臂龙干形整枝或"V"形整形；株距0.6～0.8 m，行距2.2～2.5 m，栽植333～378株/667 m^{2}为宜。其他参考巨峰。

15.早生内马司

欧亚种，早中熟，生长势中，从日本引进。亲本为巴拉多和内欧马斯卡特。果穗圆柱形。果穗重469 g，果穗长18.6 cm，果穗宽10.5 cm，果穗紧密，全穗果粒成熟一致，果梗与果粒分离难，果粒椭圆形，果粒整齐，果粒横断面近圆，果粒颜色黄绿色，果粉薄，果粒平均重量6～7 g，纵径2.22～2.41 cm，横径2.16～2.18 cm，疏果标准的粒重10 g以上，种子小，1～2粒，果皮厚易剥，略带涩味，易着生果锈，果汁颜色浅，果肉颜色浅，汁液中多，口感复合玫瑰香味（荔枝味），质地较脆，可溶性固形物含量性18.5%～3.1%，无裂果，耐贮运。萌芽率77.1%～90%，结果枝率达55.6%～88%。在浙江海宁地区，3月下旬萌芽，5月上旬开花，7月下旬浆果成熟。嫩梢形态半开张，花青素着色极浅，茸毛少，嫩枝阳面花青素着色深。幼叶上表面颜色黄绿色，略带红晕，茸毛极少。新梢姿态较直立，生长势中庸。成熟叶片单叶，心脏形，深绿色，叶面皱，锯齿形状两侧凸，裂片数5裂，上裂刻中等深重叠，下裂刻浅有重叠也有开张，呈"V"形，叶柄洼基部形状窄拱形，无叶背茸毛，基部两叶脉花青素弱，叶柄正面深紫红色。花序第1花序位置5～8节，多数为第7节。栽培上通过拉花序或疏花蕾，减少疏果成本使果粒增大，适时采收，否则有易出现果锈。可以无核化处理，仅避雨设施就能实现优质、安全、稳产、高效目标，是一个适宜南方地区生产、观光采摘的精品葡萄新品种（图1-132至图1-134）。

图 1-132　早生内马司叶片　　图 1-133　早生内马司嫩梢背面（左）和正面（右）

图 1-134　早生内马司自然果（左）和幼果（无核化）（右）

16. 天工玉柱

欧亚种，早中熟，生长势中等。浙江省农业科学院园艺研究所育成，亲本为banana×红亚历山大。2018年获国家植物新品种权，品种权号CNA20160547.8。果穗圆锥形，紧密度松，全穗果粒成熟较一致，穗重400 g左右。果粒呈圆柱形或长椭圆形，有的先端稍弯，果皮颜色黄绿，无果锈，果粉中厚，果粒平均重6.8 g，果皮中厚无涩味、不易剥，风味甜，玫瑰香味浓，质地较脆，硬度适中，汁液中，可溶性固形物含量18.6%～23.4%。耐贮运，不落粒，不裂果。芽眼萌发率87.3%，结果枝率96.3%，每结果枝平均着生果穗1.35个。适宜自然坐果。花芽分化和丰产、稳产性均好，在浙江海宁地区设施栽培，3月中旬萌芽，4月底开花，7月中下旬浆果成熟。嫩梢形态开张，花青素着色强，茸毛疏。幼叶上表面浅红褐色，背面茸毛疏。成龄叶中等大，近五角形，绿色，叶面泡状凸起强，5裂，上裂刻裂片重叠，下裂刻裂片开张，锯齿两侧直，叶柄洼基部形状闭合、半开张，叶脉着花青素弱，叶背主脉上直立茸毛密。新梢节间背侧颜色绿具红色条纹，两性花。第1花序位置2～4节（图1-135至图1-138）。

图1-135　天工玉柱叶片　　图1-136　天工玉柱丰产

图1-137　天工玉柱单穗　　图1-138　天工玉柱嫩梢

栽培要点：先稀后密，每667 m^2 栽220株，间伐至55株。采用"一"字形或"H"形整形修剪，结果母枝以中长梢修剪为主。新梢间距离20 cm。参考美人指栽培。国家葡萄产业技术体系杭州综合试验站用9个砧木品种对天工玉柱葡萄生长与果实品质影响进行了试验，5BB砧嫁接树的综合表现最佳，TSS含量高达19.2%～21.8%，固酸比为38.29，总酚、类黄酮和维生素C等营养物质含量分别为1 mg/g、0.4 mg/g、5.6 mg/100g，口感风味较佳。5BB砧木可以增强天工玉柱葡萄的生长势，提高果实品质，适合在浙北地区作为天工玉柱葡萄的嫁接砧木。

17. 葡之梦

欧美杂种，生长势中等偏强，早中熟，浙江乐清市联宇葡萄研究所杂交育成。亲本为美人指×玉手指。果穗圆锥形，大，无岐肩，无副穗，果穗平均重量810.0 g，果穗长度21.5 cm，果穗宽度16.3 cm，果粒着生松紧适度，全穗果粒成熟一致。果粒长指形，大小整齐，紫红色。果粒横断面近圆，果粉中等厚，自然粒重10.3 g，可溶性固形物19.0%～22.5%。有种子，平均1.5粒，果皮中等厚，剥皮稍难，略有涩味。果肉白色，汁液量中等，粉红色，质地较脆，味酸甜，有奶油香味。萌芽率76.5%，结果枝率达99.2%。在浙江乐清地区，3月下旬萌芽，5月上旬开花，7月下旬浆果成熟。海宁7月底至8月上旬成熟。嫩梢形态稍平展，草绿色，无光泽，茸毛稀。幼叶上表面颜色黄绿色，着浅红附加色，有光泽，无茸毛，下表面茸毛浓密。新梢姿态直立，节间背侧颜色绿色，正面紫红色，生长势中等偏强。成龄叶片大，近圆形，绿色，叶面平展稍具皱褶，叶缘略反卷，锯齿形状双侧凸，裂片数5裂，上裂刻浅，呈"V"形，下裂刻深，呈闭合状，叶柄洼开张，呈"U"形，叶背茸毛丝毛，叶脉花青素无。两性花，第1花序位置3～4节（图1-139至图1-140）。

栽培要点：计划密植采用飞鸟架"T"形，中等密度的采用"X"形。北方冬季下架埋土地区，宜用单篱架或飞鸟架，独龙干"厂"字形一边倒整形。结果枝采用"7-5-3"摘心法，副梢3叶摘心。树体成形后冬季采用1～2芽的短梢修剪。以夏黑砧表现为树势强、粒大、色红、早熟、品质优、丰产。每667 m^{2}留枝2 500～3 000个。始花前3 d至信使花开整花穗，留穗尖7 cm（成熟时穗重600 g以上）或10 cm（成熟时穗重800 g以上）。盛花期掐除穗尖1 cm，防止过度伸长。谢花后7 d定果穗。5根结果枝保留4穗，精品果穗每穗留60粒。主要防治白粉病、霜霉病等真菌病害及日灼、裂果生理病害。硬核初期，每667 m² 施液体钙肥2～3 kg，增强对日烧、气灼、裂果的抵抗力。

图1-139　葡之梦叶片　　图1-140　葡之梦果（金联宇提供）（左）和嫩梢（右）

18. 京香玉

欧亚种，早中熟，生长势中等。中国科学院植物研究所北京植物园育成，亲本为京秀×香妃，2006年定名，2007年12月通过北京市林木品种审定委员会审定。果穗圆锥形，双岐肩，穗重576.6 g，穗长21.9 cm，宽11.6 cm。果粒着生中等紧密，果穗大小整齐，果粒椭圆形，黄绿色，成熟一致。果粒大，平均粒重9.3 g，纵径3.0 cm，横径2.4 cm。果粉薄，皮中等厚，肉脆，汁中，味甜，有玫瑰香味。可溶性固形物14%～16%，可滴定酸含量0.60%。萌芽率68%～70%，结果枝率60%～65%，每果枝果穗数1.3。副梢结实力中等。两性花，二倍体。早果性好，花芽分化好，丰产稳产。在北京地区露地，4月中旬萌芽，5月下旬开花，8月上旬果实成熟。在浙江海宁地区，3月下旬萌芽，5月上旬开花，7月下旬浆果成熟。嫩梢黄绿，梢尖开张，无茸毛。幼叶黄绿色，上表面有光泽，下表面无茸毛。成龄叶中等大小，心脏形，正面无皱褶，背面无茸毛，叶片5裂，上裂刻深，开张，基部呈"U"形；下裂刻较深，开张，基部呈"V"形。叶片锯齿两侧凸。叶柄洼开张椭圆形，基部"U"形。新梢生长较直立，无茸毛。新梢节间腹侧、背侧均为绿色；冬芽暗褐色；一年生成熟枝条黄褐色（图1-141至图1-143）。

栽培要点：结果枝需通过花上留1叶摘心拉长花序或花序分蕾期疏除每支

轴朝下花蕾，以减少疏果工作量；为提高糖度，增施有机肥结合叶面肥，推迟10～15 d采收，注意防果锈。注意防治灰霉病。适宜北京、河北、山东、辽宁、新疆等露地栽培，多雨潮湿浙江等南方地区避雨或促成栽培。棚架、飞鸟形架栽培均可，中长梢修剪。

图1-141　京香玉叶片　　　图1-142　京香玉嫩梢　　　图1-143　京香玉果

19. 瑞都脆霞

欧亚种，早中熟，生长势中庸偏弱。北京市农林科学院林业果树研究所，以葡萄早熟、硬肉、红色品种京秀为母本，早熟、脆肉、玫瑰香味品种香妃为父本杂交育成，2007年12月通过北京市林木品种审定委员会审定并定名。果穗圆锥形，无副穗和岐肩，平均单穗重412.9 g，穗长29.1 cm，宽11.9 cm。果粒着生中等或紧密，椭圆形或近圆形，平均粒重7.0 g，纵径2.5 cm，横径2.2 cm。果粒大小整齐一致，果皮紫红色，色泽一致。果皮薄而脆，稍有涩味。果粉薄，果肉脆，硬，酸甜多汁，可溶性固形物17.1%，可滴定酸含量0.47%。果梗抗拉力中或高，横断面为圆形，有种子1～3粒，种子外表无横沟，长度中等，种脐稍可见。萌芽率69.7%～93.3%，结果枝率54.4%～85.7%。在浙江海宁地区，3月中旬萌芽，5月上旬开花，7月下旬浆果成熟。在北京市，4月中旬萌芽，5月下旬开花，8月上旬浆果成熟，嫩梢梢尖开张，茸毛疏。幼叶橙黄色，上下表面茸毛均疏，上表面有光泽，花青素着色中等。成龄叶中等大，心脏形，绿色，中等厚，5裂，叶缘上卷，上裂刻稍重叠，下裂刻开张，锯齿双侧凸，叶柄洼性状为矢形。新梢半直立，节间背腹绿色具浅红条纹，副梢生长力中等（图1-144至

图 1-146）。在浙江上色容易，但抗灰霉病较弱，果皮有涩味及黑斑点，穗小产量偏低。适宜华北、东北及西并地区露地种植，中梢修剪，疏花疏果，每穗留 70 粒左右，转色后补充磷钾肥。防治白腐病和炭疽病。

图 1-144　瑞都脆霞嫩梢

图 1-145　瑞都脆霞叶片

图 1-146　瑞都脆霞果

第三节　中熟品种

一、中熟无籽无香

1. 无核白鸡心

欧亚种，中熟，生长势强。引自美国，亲本为 Gold×Q26-6。果穗圆锥形，自然果穗 323.8 g，穗长 16.5 cm，穗宽 10.8 cm。果粒鸡心形，自然粒重 3.0 g，纵径 2.0 cm，横径 1.6 cm，果皮颜色绿黄色或黄绿色，薄而韧，与果肉难分离，果粉薄，可溶性固形物 16.6%，果肉硬脆，汁少，果皮中等厚，不易剥皮，清香味，无核，无裂果。经赤霉素处理平均穗重 620 g，穗长 23 cm，穗宽 18 cm，粒重 6～10 g，着生紧密，贮运中有少量落粒。可溶性固形物 14%～16%，易发生果锈，青草味。萌芽率 88.4%，花芽分化偏差，结果枝率 52.6%，每结果枝平均有花序 1.2 个。在浙江嘉兴地区促成栽培，3 月中旬萌芽，4 月下旬开花，7 月底至 8 月上旬浆果成熟。在北京地区 4 月上旬萌芽，5 月下旬开花，8 月上旬浆果成熟。嫩梢绿色，带红色条纹，有稀疏白色茸毛。幼叶微红，上、下表面有稀疏茸毛。成龄叶片大，心脏形，中等厚，较平展，上、下表面均光滑无毛。主叶脉黄绿色、带浅红色条纹，叶片5裂，裂刻极深，上裂刻闭合。锯齿大、锐。叶柄洼开张，基部窄拱形，叶柄中等长，紫红色，无茸毛。卷须分布不连续，长而细，2～3分杈。一年生成熟枝条黄褐色，节间长粗。两性花。该品种抗逆性中等，灰霉病、炭疽病抗性较好，黑痘病、白腐病抗性差，白粉病、霜霉病抗性中等。

栽培要点：棚、篱架栽培均可，但需稀植，行距离2.7～3 m，株距1.5～3 m，以中、短梢修剪为主；梢间距离20 cm。花前15 d左右用3～5 mL/kg赤霉酸喷花序拉长花序，花后8～10 d用45 mL/kg赤霉酸喷果穗膨大果粒觉，二次膨大影响品质。注意适当早采以防果锈产生。适合全国栽培，但浙江及同类生态区适宜设施栽培（图1-147至图1-149）。

图1-147　无核白鸡心嫩梢

图1-148　无核白鸡心叶片

图1-149　无核白鸡心果

2. 甜蜜蓝宝石

欧亚种，中熟，生长势旺。该品种由一家胚胎挽救技术繁殖无核品种的机构拥有专利，由 International Fruit Genetics 公司和阿肯色大学等共同开发推广，果穗圆锥形，无副穗。果穗重量450～500 g，穗长18 cm，穗宽16.5 cm。果粒紧密度中至紧，全穗果粒成熟度一致，果梗与果粒分离难，果粒长圆柱形或弯形，自然果果顶凸多凹少，处理果果顶凹陷，果粒整齐，果粒横断面不圆，果粒颜色紫至蓝黑色，果粉厚，自然无核，果皮厚，果粒平均自然粒重6.3～11.7 g，纵径4.5～4.53 cm，横径1.6～1.93 cm，有涩味，果汁颜色浅，果肉颜色浅，汁液少，无香味，质地较脆，可溶性固形物含量16.2%～20%，果梗处易出现纵裂，粒中间易出现空心，贮后2 d果梗处开始皱缩。花芽分化和丰产、稳产性均好。第1花序着生位于第5节。在浙江金华婺城区，3月上中旬萌芽，5月初开花，7月下旬浆果成熟。在浙江嘉兴地区双天膜促早栽培，3月上中旬萌芽，4月中旬开花，7月中旬成熟。鲜食。嫩梢形态半开张，花青素着色弱，茸毛密。幼叶上表面颜色浅红褐色，下表面茸毛疏。成熟叶片叶型单叶，肾脏形，绿色，叶面较平展，锯齿形状双侧凸，裂片数5裂，上裂刻开张，基部"V"形，下裂刻开张，叶柄洼基部形状呈闭合椭圆形，叶脉上直立茸毛中等密，叶脉间无茸毛，叶脉花青素弱。新梢生长直立，节间背侧颜色绿具红色条纹，节间腹侧颜色绿色（图1-150至图1-151）。

栽培要点：果顶凹陷需要膨大处理，但注意避免使用产生涩味的植物生长调节剂和叶面肥。具体参考欧亚种栽培模式图。加工葡萄干口感好。

图1-150 甜蜜蓝宝石叶片

图1-151 甜蜜蓝宝石嫩梢（左）和果（右）

二、中熟无籽有香

1. 天工翡翠

欧美杂交种，早中熟，生长势中强。浙江省农业科学院园艺研究所育成，亲本为金手指×鄞红。2017年获得国家植物新品种权（CNA201504023）。果穗呈圆柱形或圆锥形，无岐肩，无副穗，穗重400～600 g，具有较好的紧密度，全穗果粒成熟一致，果梗与果粒分离易，果粒呈椭圆形，果皮黄绿色，带粉红色晕，果皮不易剥离，果粒整齐，果粉薄，自然粒重2.6～3.1 g，经赤霉素一次处理平均单粒质量为5.2 g，横切面呈圆形，果皮薄，果肉汁液中，质脆，具有淡淡的哈密瓜香味，可溶性固形物含量18.5%。可滴定酸含量0.40%，维生素C含量71.4 mg/kg，三倍体无核。田间抗灰霉病、霜霉病能力较强。花芽分化和丰产、稳产性均好，从基部第3～4节开始发着生花序。萌芽率81.0%，结果枝率90.9%。在浙江海宁设施栽培条件下，3月中下旬萌芽，5月初开花，6月中下旬转熟，7月底成熟上市。从萌芽到浆果成熟需130 d。嫩梢形态半开张，梢尖匍匐茸毛无花青素着色，茸毛极密。幼叶上表面颜色黄绿色带浅红色斑，背面主脉间匍匐茸毛密。成熟叶片叶型单叶，近圆形，绿色，叶面平展，叶背面主脉间匍匐茸毛疏，锯齿形状双侧凸，5裂，上裂刻闭合或重叠，下裂刻闭合，叶柄洼基部半开张呈窄拱形，无叶脉花青素。新梢生长直立，节间背侧颜色绿具红色条纹。两性花，花序第1花序位置3～4节（图1-152至图1-154）。

栽培要点：该品种属三倍体无核，重点是花果管理，花前1周整穗，留花序先端长9 cm左右。盛花末进行一次处理，即1包有效成分20%的1 g奇宝少量水溶解后，准确定容到8 kg水中，再往水中加入0.01%有效成分噻苯隆（益果灵）3 mL，混匀后浸穗，浸果时避开中午高温天气。处理后立即进行适量灌水和施肥。该品种皮薄，为预防裂果，深沟高畦或软熟前沟渠铺好旧膜排水，防止雷阵雨造成水分供应不匀导致裂果发生。杭州综合试验站进行了14个砧穗组合试验，110、贝达、砧嫁接、天工翡翠、树势较为均衡，总糖含量相比自根树分别提高了18.97%和11.35%，可溶性固形物含量相比自根树分别提高了21.88%和12.86%，综合品质优于自根树。110R、贝达和Saltcreek

均可作天工翡翠的嫁接砧木，其中110R表现最佳。桐乡沈金跃基地进行全限根栽培试验，裂果重不适合这种栽培模式。在国家葡萄产业技术体系南疆综合试验站试验，表现着色好，品质佳，无裂果现象。其他参考天工墨玉的管理。

图1-152 天工翡翠嫩梢

图1-153 天工翡翠叶片

图1-154 天工翡翠果（浙江海宁不同砧木果穗表现不一）

2. 沪培2号（图1-155）

欧美杂交种，早中熟。生长势强。上海市农业科学研究院育成，亲本为杨格尔×紫珍香。果穗圆锥形，自然平均穗重350 g，处理后平均穗重

569.4 g，果穗长度 19 cm，果穗宽度 13.6 cm，果粒着生中等紧密，果粒椭圆形或鸡心形，处理后长椭圆形，平均果粒重 6.5 g，果粒纵径 3.1 cm，果粒横径 1.9 cm，果皮中厚，有涩味，汁多，果肉中等硬，可溶性固形物 16.6%，无核，复合型玫瑰香，风味一般，品质中等，果穗和果粒大小整齐，外观美。萌芽率 85.4%，结果枝率 69.4%。第 1 花序着生位于第 3～4 节。在浙江海宁地区，3 月中旬萌芽，5 月上旬开花，8 月上旬浆果成熟，嫩梢浅红色，叶背白色茸毛中密。成龄叶片大，心脏形，平展。叶面平滑，5 裂，上裂刻中深，下裂刻浅。叶背有稀少茸毛，叶锯齿中等锐，叶柄洼开张拱形，叶柄紫红色。枝条成熟后为黄褐色，节间较长。卷须双间隔性，花穗较大，两性花。抗病性较强。株距放宽至 4～8 m，"一"字形，飞鸟形叶幕，新梢间距 20～22 cm。生长时期宜多次摘心，培养副梢结果母枝以缓和树势，注意通风透光，开花前土壤不宜太干，以防落花落果；需保果与膨大处理：花前 1 周整穗，去除副穗与花穗基部 2～4 个分支。第一次在盛花至盛花末期用 15～20 mg/L 的赤霉素浸花穗，隔 10 d 再用 30～50 mg/L 的赤霉素浸果穗 1 次。优质栽培需控产，每 667m² 产量控制在 1 000～1 250 kg。果实成熟时易掉粒，适宜近郊或休闲观光园搭配种植。露天注意黑痘病、炭疽病等病害防治。

图 1-155　沪培 2 号

3. 丽红宝

欧亚种，中熟无核，生长势中等，系山西省农业科学院用瑰宝和无核白鸡心杂交而成。果穗圆锥形，穗形整齐，果穗中等大，平均穗重328.5 g，平均穗长17.5 cm，宽为10.2 cm。果粒着生中等紧密，大小均匀，果粒形状鸡心形，平均自然粒重4 g，纵径2.1 cm，横径1.8 cm。果皮紫红色，薄、韧。果肉脆，具玫瑰香味，味甜，无核，品质上等，可溶性固形物17.8%，可滴定酸含量0.49%。嫩梢黄绿色，梢尖开张，幼叶黄绿色带紫红，有光泽，叶面无茸毛。叶背具有稀疏直立茸毛。叶片心脏形，深绿色，中等大小，厚，5裂，上裂刻极深，下裂刻深，均呈"V"形，叶缘向上，锯齿两侧凸，叶柄洼呈宽拱形，叶表面无茸毛、粗糙，叶背面有中等程度的刚性茸毛，叶脉花青素着色程度中等。萌芽率76.8%，结果枝率69.1%。在浙江海宁地区，3月中旬萌芽，5月上旬开花，8月上中旬成熟。在山西晋中地区，4月中旬萌芽，5月下旬开花，8月下旬成熟。中熟品种。宜采用篱架栽培，以中长梢修剪为主。在杭州综合试验站表现花芽不易形成。该无核品种需花后一周采用30 mg/L 赤霉素处理一次保果和膨大，同时补充肥水。南方注意防治灰霉病，控长势促花芽分化（图1-156至图1-158）。

图1-156 丽红宝嫩梢　　图1-157 丽红宝叶片　　图1-158 丽红宝果穗

三、中熟有籽无香

1. 宝光

欧美杂交种，中熟，生长势中等偏强。河北省昌黎果树研究所杂交选育，亲本为巨峰×早黑宝。果穗圆锥形，带副穗。平均果穗重量615.8 g，果穗长度18.1 cm，果穗宽度13.1 cm，果穗紧密度中等，全穗果粒成熟基本一致，果梗与果粒分离难，果粒倒卵形，果粒整齐，果粒横断面近圆，果粒颜色紫红至紫黑色，果粉厚，果粒平均重量12.1 g，粒纵径3.0 cm，粒横径2.8 cm，有种子，果皮厚，果汁颜色无，果肉颜色无，汁液多，质地较脆，可溶性固形物含量17.3%～18.1%，可滴定酸0.48%，品质中上，鲜食。花芽分化和丰产、稳产性均好，萌芽率94.3%，结果枝率达87.8%。在浙江海宁地区，3月下旬萌芽，5月初开花，8月中旬浆果成熟。嫩梢形态开张，花青素着色弱，茸毛无。幼叶上表面颜色绿色带浅红色晕，茸毛疏。成熟叶片叶型单叶，近圆形，绿色，叶面具皱褶，锯齿形状双侧凸，5裂，上裂刻开张，裂刻呈"V"形，叶柄洼基部形状闭合椭圆形，叶背茸毛无，叶脉花青素强。新梢生长直立，节间背侧颜色红。两性花，花序第1花序位置3～4节（图1-159至图1-161）。

栽培要点：该品系坐果率较高，可采用生理落果前环剥保果；保果膨大处理成熟晚，着色不均匀，且易裂果；南方控制产量在1 250～1 500 kg/667m²，有利于着色和确保优质。其他参考巨峰管理。

图1-159　宝光叶片

图1-160　宝光果

图1-161　宝光嫩梢

2. 里查马特

欧亚种，中熟，生长势较强，引自苏联。亲本为可口甘×帕尔肯特。果穗分枝形或圆锥形，无岐肩，无副穗。平均果穗重量618.4 g，果穗长度18.5 cm，果穗宽度14.9 cm，果粒着生紧密度疏至中等，果梗与果粒分离难，果粒长椭圆形，果粒平均重量9.2 g，纵径3.25 cm，横径2.2 cm，果粒整齐，果粒横断面近圆，果粒颜色带丝状红色至玫瑰红色，有种子，果粉薄，果皮薄，无涩味，质地较脆，果汁颜色浅，果肉颜色浅，汁液较多，无香味，可溶性固形物含量16.9%，含酸量0.45%，品质上，易裂果，不耐贮运。萌芽率97.6%，结果枝率达75%。在浙江海宁地区，3月下旬萌芽，5月上旬开花，8月中下旬浆果成熟。从萌芽到浆果成熟需159～162 d。鲜食。嫩梢形态立场开张，无花青素着色，无茸毛。幼叶上表面颜色绿色，着色绿，边缘略带紫红色，上表面有光泽，下表面有稀疏茸毛。成龄叶中等大，近圆形，绿色，叶面平展，锯齿形状双侧凸，5裂，上裂刻深，下裂刻浅，叶缘向上反卷，叶柄洼基部形状矢形，无叶背茸毛，无叶脉花青素。新梢姿态半直立，节间背侧颜色绿具红色条纹。两性花。第1花序着生于第5节以上。一年生成熟枝浅黄褐色。

栽培注意：该品种易出现大小年，易感染白腐病和霜霉病。在浙江表现皮薄易裂果。使用膨大剂易空心且品质下降。栽培参考新雅管理。适宜半干旱、干旱地区栽培，长梢修剪为主（图1-162至图1-164）。

图1-162　里查马特叶片　　　图1-163　里查马特嫩梢　　　图1-164　里查马特果

3. 东方指

欧亚种，早中熟，生长势中等偏强。亲本为美人指 × 克林巴马克。果穗圆锥形，平均穗重650 g，平均粒重7.9 g，纵径3.9 cm，横径1.72 cm，最大粒重11 g，果粒弯形，每个果粒含种子1～2粒，先端紫红色，光亮，基部稍淡，比美人指着色好，粒长、大，外观更漂亮，果肉较美人指软，有清香味，汁液较丰富，味甜爽口，果粒顶部含糖量最高可达23°，果粒基部含糖量可达

16.2%～18.5%。在浙江海宁地区，3月下旬萌芽，5月上旬开花，7月下旬至8月上旬浆果成熟。嫩梢绿色，无茸毛，幼叶上表面紫红色，有光泽，无茸毛，比美人指深。成龄叶似美人指，心脏形，绿色，沿叶脉极稀疏茸毛。叶片5裂，上裂刻极浅有重叠，下裂刻浅，锯齿双侧凸，但比美人指更钝些。叶柄洼"U"形，比美人指宽一些。叶柄玫红色明显比美人指深。冬芽较美人指圆短。新梢粗壮，直立性很强，一年生成熟枝灰白色（图1-165至图1-167）。

栽培要点：大树冠栽培，促进花芽分化和枝条成熟，注意防灰霉病，气灼、日灼，提高产量。适时采收防果尖皱缩，采前控水防治裂果。

图1-165　东方指叶片　　图1-166　东方指嫩梢　　图1-167　东方指果

4. 金田红

欧亚种，中熟，生长势中等。河北科技师范学院和昌黎金田苗木有限公司合作育成，亲本为玫瑰香×红地球。果穗圆锥形，果穗重量177.5～488 g，单岐肩，有副穗。其中果穗长度14.8～18.65 cm，果穗宽度8.3～13.25 cm，果穗紧密度中等，全穗果粒成熟较一致，果梗与果粒分离难，果粒卵圆形，果粒整齐，果粒横断面近圆，果粒颜色紫红色，果粉厚中等，果粒平均重量5.8～6.6 g，纵径2.2～2.5cm，横径2.08～2.1cm，有种子，果皮厚中等，无涩味，果汁颜色深，果肉颜色深，汁液多，玫瑰香味中，质地脆，可溶性固形物含量18.74%，不易裂果，耐贮运。花芽分化和丰产、稳产性均好，从基部第2节开始发出新梢均有1～2个花序，萌芽率100%，结果枝率达64.3%。在浙江海宁地区，3月中旬萌芽，5月上旬开花，8月中下旬浆果成熟。鲜食。嫩梢形态半开张，花青素着色弱，茸毛疏。幼叶上表面颜色紫红，着色浅红，无茸毛。成熟叶片叶型单叶，近圆形，绿色，叶面平展度叶缘上卷，锯齿形状双侧凸，上裂刻重叠，下裂刻开张，叶柄洼基部形状呈宽拱形，叶背无茸毛，无叶脉花青素。新梢生长半直立，节间背侧红色，腹侧绿带红色。两性花，花序第1花序位置3～4节。

栽培要点：该品种适宜在新疆、河北、山东、辽宁等地栽培。棚架和篱架栽培均可，长、中、短梢混合修剪为主。在浙江灰霉病、白粉病、裂果等严重，果穗易发生大小粒，不适宜栽培（图1-168至图1-170）。

图1-168　金田红嫩梢　　　图1-169　金田红叶片　　　图1-170　金田红果

5. 紫苑

欧亚种，中熟，生长势中等。国外引进品种。果穗分枝形，无副穗，果穗平均重量961.9 g，果穗长度23.9 cm，果穗宽度12.6 cm，果穗紧密度为中，全穗果粒成熟较一致，果梗与果粒分离难，果粒倒卵形，果粒不整齐，有小青粒，果粒横断面近圆形，果粒颜色紫红色，果粉薄，果粒平均重量10.2 g，纵径2.62 cm，横径2.21 cm，有种子，果皮薄，脆，无涩味，果汁颜色浅，果肉颜色浅，汁液多，质地较脆，可溶性固形物含量19.0%，果蒂纵裂严重，不耐贮运。花芽分化和丰产、稳产性一般，从基部第2～3节开始发出新梢，第1花序位置在4～5节，1个花序居多。萌芽率81.1%，结果枝率达93.3%。在浙江海宁地区，3月下旬萌芽，5月上中旬开花，8月中旬浆果成熟。鲜食。嫩梢形态开张，花青素着色中，无茸毛。幼叶上表面颜色为黄绿色，着色浅红，无茸毛。成熟叶片叶型单叶，近圆形，绿色，叶面平展，锯齿形状双侧直，5裂，上裂刻重叠、呈"V"形，下裂刻开张、呈"V"形，叶柄洼基部形状呈窄拱形，叶背无茸毛，无叶脉花青素。新梢生长直立，节间背侧颜色绿具红色条纹（图1-171至图1-173）。两性花。

栽培要点：该品种因裂果严重不适宜浙江及同类生态区种植。

图1-171　紫苑叶片　　图1-172　紫苑果　　图1-173　紫苑嫩梢

6. 日本玉指

欧亚种，中熟，生长势中等，引自日本，果穗中等大，圆锥形，平均果穗重量357.2 g，果穗长度18.8 cm，果穗宽度12.7 cm，果粒指形，皮薄，味甜，无香味，平均粒重5.2 g，纵径4.1 cm，横径1.5 cm，可溶性固形物含量22.1%，萌芽率98.3%子，结果枝率56.1%。在浙江海宁地区，3月下旬萌芽，5月上旬开花，9月上旬浆果成熟。从萌芽到浆果成熟需156～178 d。鲜食。嫩梢浅玫红色，形态半开张，花青素着色中，茸毛疏。幼叶上表面颜色紫红色，着色浅红，上表面有光泽，下表面无丝毛。新梢姿态直立，节间背侧、腹侧均绿色。成龄叶片叶型单叶，心脏形，绿色，叶面平展，锯齿形状两侧凸，叶片5裂，上裂刻开张，下裂刻开张，叶柄洼基部形状呈宽拱形，无叶背茸毛，无叶脉花青素，叶脉极稀匍匐毛。花序第1花序位置5节以上，两性花。花芽分化一般，产量不稳。不适宜在浙江及同类生态区种植（图1-174至图1-176）。

图1-174　日本玉指叶片　　图1-175　日本玉指嫩梢　　图1-176　日本玉指果

7. 秋贝儿

欧美种，中熟，生长势中等。引自日本。先锋的变异种。果穗圆锥形，平均穗重 407.3 g，穗长 18.9 cm，穗宽 10.7 cm，果粒小，椭圆形，平均粒重 3.84 g，纵径 2.02 cm，横径 1.82 cm，果粒整齐，果粒横断面近圆，着生紧密，果粒整齐，成熟一致，果梗与果粒分离难，紫黑色，果粉厚，外观美。皮中厚易剥、果有肉囊、果汁中多，质地较软，味酸甜，可溶性固形物含量 16.9%～20.7%，品质佳，种子多数为 2～3 粒，不裂果，不耐贮运。生长势较强，丰产性好，萌芽率 73.68%，结果枝率达 57.14%。嫩梢形态半开张，花青素着色弱，茸毛极蜜。幼叶上表面颜色黄色，着色无，茸毛极密。新梢姿态半直立，节间背侧颜色绿色。成熟叶片叶型单叶，心脏形，深绿色，叶面平展但粗糙，锯齿形状双侧凸，3～5 裂，上裂刻浅开张、呈"V"形，下列刻开张、呈"V"形，叶柄洼基部形状呈开张"V"形，叶背茸毛毡毛，叶脉花青素弱。两性花，花序第 1 花序位置 3～4 节。在海宁，3 月中旬萌芽，4 月下旬至 5 月初开花，8 月上中旬成熟。栽培中注意疏穗控产，观光树种比较适宜，管理简单（图 1-177 至图 1-179）。

图 1-177　秋贝儿嫩梢正面（左）和背面（右）

图 1-178　秋贝儿叶片　　图 1-179　秋贝儿果

四、中熟有籽有香

1. 天工翠玉

欧美杂种，中熟，生长势中等。浙江省农业科学院园艺研究所育成，亲本为早甜×红富士。2019年获国家植物新品种权，品种权号CNA20170871.3。果穗呈圆柱形或圆锥形，无岐肩，无副穗，穗重300～500 g，具有较好的紧密度，全穗果粒成熟一致，果梗与果粒分离难，果粒呈椭圆或倒卵形，果皮黄绿色，整齐，果粉中，单粒重8.3 g，最大粒重10.1 g，横切面呈圆形，果皮中厚、脆无涩味，果肉汁液多，质地较软，草莓香味中等浓，可溶性固形物含量20.5%，可滴定酸含量0.30%，维生素C含量54.1 mg/kg，风味浓。鲜食贮藏一周不易落粒。萌芽率83.9%，结果枝率达96.0%。在浙江海宁地区，3月下旬萌芽，4月底开花，7月底至8月上中旬浆果成熟。鲜食。嫩梢形态半开张，梢尖匍匐茸毛无花青素着色，茸毛中密。幼叶上表面颜色绿色带浅红色斑，茸毛中等密。成龄叶中等大，近圆形，绿色，叶面平展，锯齿形状两侧直，5裂，上裂刻重叠，下裂刻开张、呈"U"形，叶柄洼基部开张，叶背茸毛毡毛（比红富士少）。新梢生长直立，节间背侧颜色绿具红色条纹。两性花，第1花序位置3～4节（图1-180至图1-182）。

栽培要点：该品种管理省力，一般采用自然坐果，若遇少日照生长过旺时，在始花期应用甲哌嗡等生长抑制剂喷梢尖控梢保果，南方控制产量在1 500 kg/667m²，有利于确保优质。采摘期长，采后不落粒是欧美种中难得的性状。设施栽培中注意防高温，叶易日灼，浙江等南方地区出梅前注意新梢先端下挂减轻热害。杭州综合试验站用7种砧木嫁接天工翠玉试验。5BB植株单株产量最高，为6.62 kg；5BB砧嫁接树硬度最高为平均4.07 N，比自根树提高了60.9%；SO4、5BB和Macadams砧嫁接树比自根树总糖含量高；5BB砧嫁接树蔗糖含量高于自根树，为平均7.97 mg/g，比自根树提高了33.05%。5BB砧木增加了天工翠玉果实硬度和单株产量，改善了葡萄生长结果和果实品质，可作为天工翠玉的配套砧木嫁接。

图1-180　天工翠玉叶片　　　图1-181　天工翠玉嫩梢

图1-182　天工翠玉单穗（左）和中秋节采收的果（右）

2. 金手指

欧美杂交种，生长势强，日本引进。果穗圆锥形，无岐肩，无副穗，果穗重量319.3 g，穗长15.3 cm，穗宽12.7 cm。果穗紧密度中等，全穗果粒成熟一致，果梗与果粒分离易，果粒弯形，果粒整齐，果粒横断面不圆，果粒颜色黄色，果粉薄，果粒平均重量5.3 g，粒纵径3.5 cm，横径1.6 cm，有种子，果皮薄，稍有涩味，果汁颜色极浅，果肉颜色极浅，汁液多，奶油冰糖香味，质地较脆，可溶性固形物含量18%～22%，萌芽率85%，结果枝率达90%。在浙江海宁地区，3月下旬萌芽，5月上旬开花，7月下旬至8月上旬浆果成熟。昌云军等报道在山东平度市大泽山4月7日萌芽、5月23日开花、8月初果实成熟，比巨峰早熟10～15 d，属中早熟品种。采用单位十字飞鸟形架栽培，行2.5～3 m，株距1.5～4 m，每667 m^{2}栽55～260株。从萌芽到浆果成熟需136 d左右。鲜食。中熟。嫩梢形态半开张，无花青素着色，茸毛中等。幼叶上表面颜色紫红色，着色浅红，茸毛中等。新梢姿态直立，节间背侧颜色绿色，生长势强。成熟叶片叶型单叶，心脏形，绿色，叶面平展，锯齿形状双侧凸，裂片数3裂，上裂刻开张，呈"U"形，叶柄洼基部形状呈宽拱形，叶背茸毛毡毛，叶脉花青素弱。两性花，花序第1花序位置3～4节。栽培要点参考玉手指，果穗较玉手指多留20%。砧穗组合试验结果，用R17、R21砧木嫁接金手指，穗重分别达到410 g、420 g，粒重分别达到7 g、7.6 g（图1-183至图1-185）。注意防治白腐病、吸果夜蛾、病毒病及鸟害。

图1-183　金手指嫩梢

图1-184　金手指叶片

图1-185　金手指果

3. 巨峰

欧美杂种，中熟，生长势强。引自日本。亲本为石原早生×森田尼。果穗圆锥形，带副穗，穗长15.4～17.6 cm，穗宽10.4～11 cm，穗重400～600 g，着粒较松，较耐运输。果粒椭圆形，粒重8～10 g，纵径2.6～2.7 cm，横径2.4～2.5 cm，着色正常，紫黑色，果皮较厚有涩味，果粉厚，果肉软，汁多，味甜中带酸，略有草莓香，可溶性固形物16%～20.5%，可滴定酸含量0.5%～0.6%，种子1～2粒，有裂果。萌芽率70%左右，结果枝率44.5%～50%，每果枝平均着生果穗数1.4个。在浙江海宁地区设施促成栽培，3月中下旬萌芽，5月上旬开花，8月上中旬浆果成熟。鲜食。嫩梢绿色，梢尖半开张略带紫红色。幼叶浅绿色，叶缘带紫红色，下表面中等厚白色茸毛。成龄叶圆形，中等大，深绿色，正面网状皱褶，反面茸毛中等密。叶片3或5裂，上裂刻浅、开张或闭合、"V"形，下裂刻浅、开张、"V"形。叶柄洼宽拱形,叶柄中等长,浅红色。花芽分化好,生长势强,易感染黑痘病、灰霉病、穗轴褐枯病,果实炭疽病、叶片霜霉病中度感染。栽培中主要抓保花保果,花序整形:去掉副穗和花序基部的2~4个小分支,掐掉2~3 cm的穗尖,只留7~8 cm的中段,这样能使开花时营养供应集中,提高坐果,穗形美;农艺保果:巨峰系有籽栽培的改开花前施氮肥为落花后施,提高树体碳氮比,减轻落花落果;开花前5~10 d花前摘心(摘心处的叶片是正常叶的1/3);对新梢基部进行扭梢可显著抑制新梢旺长,于开花前进行扭梢可显著提高葡萄坐果率;花期补硼锌,秋冬施基肥时混施每667m^2量1~2 kg硫酸锌,始花期、盛花末结合防病治虫喷硼酸溶液。用植物生长调节剂保果:在体系示范县浦江示范基地,巨峰葡萄花前5~7 d,新梢生长展叶6~8片时,全株喷洒40%助壮素水剂,浓度80 mg/L(即2 mL加水10 kg)与0.2%磷酸二氢钾混合液来,或在6~10片叶时喷布置50~100 mg/kg的矮壮素,可以有效抑制新梢和副梢的生长,提高坐果率。也有报道在花前7 d用PBO 300倍液喷梢尖,经3~6 d开始有明显的抑制植株营养生长,增加钙离子吸收,可控制巨峰葡萄落花落果。改密植为稀植,土层厚度达到40 cm以上时,株距以4("H"形)~10 m("一"字形)为宜(图1-186至图1-189)。

图1-186 巨峰叶片

图1-187 巨峰嫩梢

图1-188 巨峰（保果）　　　图1-189 巨峰

无核化栽培：花穗整形在开花前1周至初花期为最适宜期。留穗尖3.5 cm，8～10小穗，50～55个花蕾。无核化一次处理：整穗后80%开放至开花后5 d内赤霉素25 mg/kg+氯吡脲10 mg/kg。二次处理的：第一次为整穗后80%开放用赤霉素12.5 mg/kg+氯吡脲5 mg/kg；第二次为花后10～15 d用赤霉素20～25 mg/kg或开花前5～7 d用赤霉素10～12.5 mg/kg，穗重450 g左右；注意处理后及时补充肥水减少僵果发生。

4. 巨玫瑰

欧美杂交种，中熟，生长势中等偏强。辽宁省大连市农业科学研究院育成，亲本为沈阳玫瑰×巨峰。果穗圆锥形，带副穗。果穗重量433.5 g，果穗长度18.5 cm，果穗宽度10.7 cm，果粒着生紧密度中等，全穗果粒成熟较一致，果梗与果粒易分离。果粒平均重量8 g，纵径2.91 cm，横径2.27 cm，果粒倒卵形或椭圆形，果粒整齐，果粒横断面近圆，果皮紫红色，中等厚，有涩味，果粉中多，汁液中多，果汁颜色深，果肉颜色深，复合型玫瑰香味，质地软，有种子1～2粒，可溶性固形物含量19.5%，可滴定酸含量0.55%。不易裂果，不耐贮运。花芽分化和丰产、稳产性均好，从基部第2节开始发出新梢均有2个花序，萌芽率81.1%～82.7%，结果枝率达70.5%～93.3%。在浙江海宁地区，3月下旬萌芽，4月下旬开花，8月中旬浆果成熟。从萌芽到浆果成熟需134～145 d。鲜食。嫩梢形态半开张，无花青素着色，茸毛中等密幼叶绿色，着色浅红，上表面颜色有光泽，茸毛极密。成龄叶中等大，心脏形，绿色，上表面光滑无光泽，下表面茸毛中等密，叶面平展度具皱褶、叶缘上卷，锯齿形状双侧直，5裂，上裂刻深且重叠，呈"U"形，下裂刻中等深，叶柄洼闭合椭圆形，叶背茸毛毡毛，无叶脉花青素。新梢生长直立，节间背侧颜色红色。两性花，花序第1花序位置3～4节（图1-190至图1-192）。

栽培要点：该品种不适宜用赤霉素拉长花序，否则易出现大小粒；保果或增大果粒最好避免使用含有吡效隆成分的植物生长调节剂，否则会增加涩味；采用生理落果末立即环剥或控制树势保果；在花后15 d用赤霉素25 mg/L喷或浸果穗增加果粒硬度；南方控制产量控制在于1 000 kg/667m^2，有利于着色和确保优质；采用延缓叶片早衰的叶面肥防止基部叶早落。适宜全国各地种植。

图1-190　巨玫瑰叶片

图1-191　巨玫瑰嫩梢

图1-192　巨玫瑰果

5. 香悦

欧美杂种，中熟，生长势极强。辽宁省农业科学研究院育成，亲本为沈阳玫瑰×紫香水芽变。果穗圆锥形，无副穗，平均穗重610 g，穗长15.9 cm，穗宽13 cm，着粒中等紧密。果粒近圆形，粒重9.18 g，纵径2.54 cm，横径2.41 cm，大小较整齐，果皮紫红至紫黑色。果皮厚，果粉厚，果汁多，果肉较软，较甜，无肉囊，有浓郁的桂花香味，可溶性固形物17%～19.3%，可滴定酸含量0.55%，不易裂果。每果粒种子1～3粒，种子浅褐色，短卵圆形。种子与果肉易分离。萌芽率80%～85%，结果枝率65%～78%。在浙江海宁设施栽培条件下（3月初盖膜），3月下旬萌芽，4月中下旬开花，促成栽培的7月下旬至8月上旬浆果成熟。在辽宁沈阳市，5月初萌芽，6月上旬开花，9月上旬浆果完全成熟。嫩梢梢尖半张开，绿色带紫红色晕，白色茸毛密，无光泽。幼淡绿色，带紫色晕，上表面无光泽，下表面茸毛多。成龄叶片特大，近圆形，深绿色，叶表面粗糙，叶背有茸毛，叶缘呈波浪状，叶片无光泽，叶片3裂或全缘，裂刻浅，锯齿。叶柄洼矢形，叶柄长，紫红色。新梢生长直立，节间背侧紫红色，腹侧绿色带柴紫红晕。两性花。易感染灰霉病、穗重褐枯病，比巨峰早10～15 d，花芽分化好。

栽培要点：在浙江雨水较多的地方栽培注意控制树势，需要保果，由于叶很大且易早衰，故新梢间距留25 cm以上，果穗短小，故适当拉长花序，比较适宜无核栽培；北方坐果率过高，所以结果枝在花后7～10 d摘心。适宜棚架和棚篱架栽培，短梢修剪。注意设施内防治灰霉病、白腐病，露天还要防治霜霉病（图1-193至图1-196）。

图1-193 香悦嫩梢

图1-194 香悦叶片

图1-195 香悦
（每667 m² 控产1 000 kg以内）

图1-196 香悦
（每667 m² 控产1 100 kg以内）

6. 金田玫瑰

欧亚种，中熟偏早，生长势中庸，河北科技师范学院和昌黎金田苗木有限公司合作育成，亲本为玫瑰香×红地球。果穗分枝形，无岐肩，无副穗。果穗重量468.2 g，果穗长度18.3 cm，果穗宽度13.2 cm，果穗紧密度中，全穗果粒成熟一致，果梗与果粒分离难，果粒近圆形，果粒整齐，果粒横断面近圆，果粒颜色紫红色，果粉厚，果粒平均重量7.35 g，纵径2.5 cm，横径2.25 cm，无种子，果皮中等厚，无涩味，果肉中等脆，多汁，有浓郁玫瑰香味，可溶性固形物含量17.2%～20.5%，萌芽率90.4%，结果枝率达72.3%。第一结果枝位于结果母枝基部的第2、3节上。在浙江海宁地区，3月中旬萌芽，5月上旬开花，8月上中旬浆果成熟。鲜食。嫩梢形态半开张，花青素着色中，茸毛疏。幼叶上表面颜色紫红色，有光泽，无茸毛。新梢姿态半直立，生长势中。成熟叶片叶型单叶，近圆形，绿色，叶缘稍上卷，锯齿形状双侧凸，裂片数5裂，上裂刻闭合、呈"U"形，下裂刻闭合、呈"U"形，叶柄洼基部形状呈椭圆形，叶背具刺毛，密度中等，无叶脉花青素。两性花，花序第1花序位置4节，每结果枝2～3穗果。杭州试验站引进区试6年以来，在浙江表现较好，适宜任何架式，但需避雨栽培。花芽容易形成，果实上色容易，品质好，抗病性较强。栽培上注意拉长花序，疏花蕾替代疏果，减少坐果量增大果粒，或花后摘心减少坐果。果粒过密成熟期间易发生灰霉病。冬季修剪在新疆、河北、山东、辽宁等北方地区以中短梢修剪为主，南方地区以短梢与中长梢相结合修剪为主。也适宜长廊种植（图1-197至图1-200）。

图1-197　金田玫瑰叶片

图1-198　金田玫瑰嫩梢

图 1-199　金田玫瑰果　　　　图 1-200　金田玫瑰果（产量偏高）

7. 金田翡翠

欧亚种，中熟，生长势弱，河北科技示范学院和昌黎金田苗木有限公司共同育成，亲本为凤凰51×维多利亚。果穗圆柱形，无岐肩，无副穗。平均果穗重量443 g，果穗长度18.5 cm，果穗宽度13.9 cm，果穗紧密度中等，全穗果粒成熟一致，果梗与果粒分离难，果粒椭圆形，果粒整齐，果粒横断面近圆，果粒颜色黄绿色，果粉薄，果粒平均重量8.2 g，纵径2.9 cm，横径2.2 cm，有种子，果皮薄，无涩味，果汁颜色极浅，果肉颜色极浅，汁液较多，无香味，质地较脆，可溶性固形物含量17.4%～19.8%，萌芽率89.6%，结果枝率达81.4%。在浙江海宁地区，3月下旬萌芽，5月上旬开花，8月上中旬浆果成熟。鲜食。嫩梢形态开张，花青素着色弱，无茸毛。幼叶上表面颜色紫红色，着色浅红，无茸毛。新梢姿态直立，生长势弱。成熟叶片单叶，近圆形，浓绿色，叶面平展，锯齿形状双侧凸，裂片数3裂，上裂刻重叠，叶柄洼基部形状宽拱形，无叶背茸毛，叶脉花青素弱。花序第1花序位置3～4节。金田翡翠在过熟时易裂果，灰霉病病害严重，果锈不易控制，所以不适合浙江及同类生态区种植（图1-201至图1-203）。

图1-201　金田翡翠叶片　　图1-202　金田翡翠嫩梢　　图1-203　金田翡翠果

8. 秋黑宝

欧亚种，中熟，生长势中庸，系山西省农业科学院用瑰宝为母本和秋红为父本杂交育成。果穗圆锥形，平均果穗重427.9 g，果穗长19.4 cm，宽11.9 cm。果粒着生中等紧密，大小均匀，果粒为短椭圆形或近圆形，大粒，单果重7.6 g，果粒纵径2.4 cm，横径2.3 cm。果皮紫黑色，较厚、韧，果皮与果肉不分离，果肉较软，味甜，具玫瑰香味，品质上等，可溶性固形物17.1%，可滴定酸含量0.4%。嫩梢黄绿色带紫红，具稀疏茸毛，幼叶浅紫红色，有光泽，叶背具有中等密度的直立茸毛，叶面具稀疏茸毛。叶片近圆形，绿色，表面无茸毛、光滑，中等大小，平展，中等厚，5裂，上裂刻深且重叠，下裂刻较深有部分重叠。叶柄洼宽拱形，叶缘锯齿两侧凸，叶背面有稀疏刚状茸毛，叶脉花青素着色程度中等，秋叶为黄色。在浙江海宁地区，3月中下旬萌芽，5月上旬开花，8月上中旬成熟。萌芽率76.8%，结果枝率71.5%。在山西晋中地区，4月中旬萌芽，5月下旬开花，8月下旬成熟。萌芽率53%，结果枝率55%。宜控制产量，篱架栽培，中短梢修剪为主。在杭州综合试验站区试园表现一般，易感灰霉和酸腐病，不适宜在浙江推广（图1-204至图1-206）。

图1-204　秋黑宝嫩梢　　图1-205　秋黑宝叶片　　图1-206　秋黑宝果

9.峰光

欧美杂交种,中熟,生长势中等偏强。河北省农林科学院昌黎果树研究所以巨峰作母本,玫瑰香作父本,杂交选育而成的葡萄新品种。果穗圆锥形,带副穗,平均果穗重量512.7 g,果穗长度20.1 cm,宽度11.5 cm,果穗紧密度中等,全穗果粒成熟较一致,果梗与果粒分离中,果粒近圆形,果粒整齐,果粒横断面近圆,果粒颜色紫红色至紫黑色,果粉厚,平均果粒重量11.1 g,纵径2.7 cm,横径2.4 cm,有种子,果皮厚,有涩味,果汁颜色浅,果肉颜色浅,汁液多,有草莓香味,质地中,可溶性固形物含量18.1%～19.4%,可滴定酸含量0.47%。鲜食。不易裂果,不耐贮运。花芽分化和丰产、稳产性均好,萌芽率98.1%,结果枝率达81.8%。在浙江海宁地区,3月下旬萌芽,5月上旬开花,8月中旬浆果成熟。嫩梢形态半开张,无花青素着色,茸毛中等密。幼叶上表面颜色浅绿色,叶缘带紫红色,下表面有中等密白色茸毛。成熟叶片叶型单叶,近圆形,深绿色,叶面较平展,裂片数3或5裂,叶柄洼基部形状呈窄拱形,叶背丝状茸毛密。新梢生长直立。两性花,花序第1花序位置3～4节(图1-207至图1-209)。栽培参考巨峰。

图1-207 峰光叶片

图1-208 峰光嫩梢

图1-209 峰光果

10.瑞都红玫

瑞都红玫,中熟,树势中庸。北京市农林科学院林业果树研究所,由香妃与京秀杂交而成,在浙江海宁7月中旬成熟。果穗松紧度适中,有副穗,单岐肩较多,平均单穗重441.2 g,穗长21.1 cm,穗宽13.9 cm。果粒重为6.9 g,粒纵径2.6 cm,粒横径2.2 cm。果皮红紫色,较脆但带涩味,果肉较脆,有玫瑰香味,口味甜香,可溶性固形物含量17.5%,可滴定酸含量0.52%。在浙江海宁地区，3月下旬萌芽，5月上旬开花，8月上中旬浆果成熟。萌芽率87.3%，结果枝率71.8%。新梢半直立，无茸毛，节间背侧绿具红条。嫩梢梢尖半开张，梢尖茸毛着色浅，花青素着色全部覆盖。幼叶表面黄绿色，花青素着色浅，表面有光泽。成叶心形，绿色，表面主脉花青素浅，下表面主脉花青素中，厚度中等。成叶较平展，5裂，上裂刻深、开张，基部"U"形；下裂刻深、开张，基部"U"形。叶柄洼开张呈"U"形，叶缘锯齿形状双侧凸。花芽分化较好，二次结果能力强（图1-210至图1-212）。栽培中注意防治灰霉病、白腐病，适时采收减少缩果发生。

图1-210 瑞都红玫叶片

图1-211 瑞都红玫嫩梢

图1-212 瑞都红玫果

11. 天工玉液

欧美杂交种，中熟，生长势中庸。浙江省农业科学院园艺研究所育成，亲本为早甜×红富士。2019年获国家葡萄新品种登记[GPD葡萄（2019）330025]。果穗圆锥形，穗中等紧密度，平均穗重464.6 g。穗型较整齐，平均单粒重10.7 g，最大果粒重16 g，果粒大，果形为倒卵形，果色粉红到紫红色，成熟度稍不一致，果粉厚，果皮中等厚度较脆易剥离，肉质较软，汁多，果肉有浓郁的草莓香味，可溶性固形物含量18%～19.4%，可滴定酸3.22 g/kg，维生素C 5.60 mg/100g，味甜酸，品质佳，种子数1～3粒，果梗与果粒分离易，成熟后果粒容易掉粒。萌芽率89.9%～94.0%，结果枝率88.63%～95.5%，每果枝平均花穗数1.4个，适宜自然坐果。花芽分化和丰产、稳产性均好，在浙江海宁地区设施栽培，3月中旬萌芽，5月初开花，8月初浆果成熟。嫩梢形态开张，着花青素弱，茸毛密。幼叶上表面颜色绿色带红色斑，背面主脉间葡萄茸毛极密。成龄叶片，近圆形，3～5裂，绿色，叶面下卷,锯齿形状双侧直,上裂刻重叠、深度中,叶柄洼开叠类型半开张,叶脉花青素弱,背面主脉间匍匐茸毛密。新梢生长半直立,节间背侧绿带红条带。两性花,花序第1花序位置3～4节(图1-213至图1-215)。

图1-213　天工玉液嫩梢　　　图1-214　天工玉液叶片

图1-215　天工玉液(不同砧木)

栽培要点:先稀后密,每667m^2栽220株,间伐至55株。采用"一"字形或"H"形整形修剪,结果母枝以中长梢修剪为主。新梢间距离20 cm。花果管理:在花前1周整穗,留花序先端10 cm。始花期花穗以上留5～6叶摘心,侧副梢全部抹除,当顶副梢长出5张叶片时,留4叶反复摘心,其余2、3次侧副梢全部抹除,并及时摘除卷须,叶:果比为(20～25):1。果实进入转熟期，对全园新梢进行一次全面摘心，把黄叶、老叶摘除。肥水管理及病虫害防治参考巨峰。南方控制产量在 1 250 ~ 1 500 kg/667m^2，有利于着色和确保优质。该杂交组合自然坐果好，外观美、风味浓，品质好，比红富士成熟早，是一个红富士主栽地区提早上市和观光旅游采摘的葡萄新品种。

12. 天工玫瑰

欧亚种，中熟，生长势中等偏强。浙江省农业科学院园艺研究所选育，亲本为红马斯卡特×美人指。2019 年获国家新品种权保护，品种权号 CNA2017O872.2。果穗呈圆锥形，穗重 547.8 g，大穗 731 g，紧密，全穗果粒成熟一致，果梗与果粒分离较难，果粒呈椭圆形，黄绿色，果粒整齐，果粉较薄，平均单粒重 6.9 g，果粒横切面呈圆形，种子充分发育，种子外表无横沟，种脐明显，种子粒数 1 ~ 2 粒，果皮较薄，很脆，果皮无涩味，果肉和果汁颜色无，风味甜，果肉汁液中等，并且具有浓郁的玫瑰香味，果肉质地脆，果肉硬度中等，可溶性固形物含量 21.6%，不易裂果，挂果期长，耐贮运。花芽分化和丰产、稳产性均好。在浙江海宁地区，3 月中下旬萌芽，4 月底开花，8 月上旬浆果成熟。从萌芽到浆果成熟需 130 ~ 140 d。鲜食。花芽分化和丰产、稳产性均好，萌芽率 81.3%，结果枝率达 75.0%。嫩梢形态开张，花青素着色中，茸毛无。幼叶上表面颜色浅红褐色，无茸毛。成熟叶片叶型单叶，近五角形，绿色，叶面具皱褶，锯齿形状双侧直，5 裂，上裂刻闭合，裂刻呈"V"形，叶柄洼基部形状窄拱形，叶背茸毛无，叶脉花青素弱。新梢生长半直立，节间背侧绿带红条带。两性花，花序着生位置 2 ~ 3 节（图 1-216 至图 1-217）。

图 1-216　天工玫瑰叶片　　　　图 1-217　天工玫瑰嫩梢（左）和果（右）

栽培要点：该品系采用花序上留 1 叶摘心可拉长花序；南方控制产量在 1 250 ～ 1 500 kg/667m²，有利于确保优质，防果面小黑点。

13. 天工紫玉

欧亚种，中熟，生长势中等偏强。浙江省农业科学院园艺研究所选育，亲本为红亚历山 × 美人指，品种权号 CNA20184040.0。果穗呈圆锥形，无岐肩，无副穗，穗重 379.3 ～ 600 g，穗长 19.57 cm，穗宽 11.57 cm。果穗紧密度较好，全穗果粒成熟一致，果梗与果粒分离较难，果粒呈长椭圆形，果皮颜色红紫色，果粉薄，果粒整齐，平均粒质量 5.8 g，横切面形状呈圆形，种子充分发育，种子粒数 2 ～ 3 粒，果皮薄，易剥皮，无涩味，果肉颜色和果汁颜色较浅，风味甜酸味，果肉有淡淡的玫瑰香味，果肉质地较脆，果肉硬度较软，可溶性固形物含量 19.87%。在浙江海宁地区，3 月上旬萌芽，4 月底开花，8 月中下旬浆果成熟。从萌芽到浆果成熟需 140 ～ 155 d。鲜食。萌芽率 90.2%，结果枝率达 88.2%，一般结果母枝从基部第 3 节开始发着生花序，每果枝花穗数 1.6 个。嫩梢梢尖半开张，花青素着色弱，茸毛疏。幼叶上表面颜色绿带浅红褐色，下表面主脉间匍匐茸毛无或极疏，背面主脉上直立茸毛中。成龄叶小，近五角形，绿色，叶面平展，锯齿形状双侧直，5 裂，上裂刻浅、开张，下裂刻开张呈"V"形，叶柄洼基部形状窄拱形，正面主脉上花青甙显色强度中，背面主脉间匍匐茸毛无，背面主脉上直立茸毛密度中。新梢生长半直立，节腹侧绿色，节间背侧绿带红条带。两性花，第 1 花序着生位置 2 ～ 3 节（图 1-218 至图 1-219）。

图 1-218　天工紫玉叶片

图 1-219　天工紫玉嫩梢（左）和果（右）

栽培要点：该品系采用花序上留1叶摘心可拉长花序；南方控制产量在1 250～1 500 kg/667m²，有利于着色和确保优质；采用延缓叶片早衰的叶面肥防止基部叶早落。

14. 天工沁香

欧亚种，中熟，生长势强。由浙江省农业科学院园艺研究所育成，亲本皇家秋天与红地球的杂交后代05-3作父本，玫瑰香作母本。果穗呈圆柱形，无岐肩，无副穗，穗重400～1 000 g，着粒紧密，全穗果粒成熟一致，果梗与果粒分离较难，果粒长椭圆形，果皮艳紫红色，整齐，果粉中，单粒重色8～10 g，横切面呈圆形，果皮薄脆无涩味，果肉汁液中多，质地较脆，独特果香味，可溶性固形物含量断18%～21.0%。有种子。花芽分化和丰产、稳产性均好。萌芽率95%～97%，结果枝率91%～96%。结果枝着生于结果母枝第1节。二次果结果能力强。在浙江海宁地区，3月中下旬萌芽，4月下旬至5月上旬开花，8月中旬浆果成熟，挂树至9月底。嫩梢形态半开张，梢尖匍匐茸毛较少，花青素着色深；幼叶上表面颜色紫红，具有光泽，背面主脉间匍匐茸毛较多；成熟叶片叶型为单叶，心脏型，绿色，具褶皱，锯齿双侧直和侧凹侧凸，5裂，上裂刻重叠，"V"形，下裂刻开张，"V"形，叶柄洼基部为窄拱形，叶背毡毛，叶脉花青素弱。第1花序位置第5节居多。新梢直立，节间背侧绿具红色条纹。结果枝第1花序位于2～4节，花序1～3个。一年生成熟枝灰色。适宜短梢修剪（图1-220至图1-221）。

图1-220 天工沁香嫩梢正面（左）和背面（右）

图 1-221 天工沁香叶片（左）和果（右）

栽培要点：该品系坐果率较高，结果枝开花后再摘心；南方控制产量在 1 250～1 500 kg/667m²，有利于确保优质。容易结二次、三次果，是延长采摘时间的优选品种。其他管理参考新雅。

15. 天工彩玉

欧美杂交种，中熟，生长势中等。浙江省农业科学院园艺研究所选育，亲本为早甜×巨玫瑰，品种权号 CNA20170873.1。果穗呈圆柱形，无岐肩，无副穗，穗重 497.6 g，粒紧密度中等，果粒成熟一致，果梗与果粒分离较难，果穗长 0.5～0.85 cm，果粒呈椭圆形，果皮黄绿色带粉红色晕，易剥离，果粒整齐，果粉厚，平均单粒重 8.9 g，最大粒重 13 g，横切面呈圆形，果皮中等厚、韧略有涩味，果肉黄、汁液多、质较脆，玫瑰香味浓，可溶性固形物含量 18.2%～21.3%。种子 1～3 粒，种脐明显。花芽分化和丰产、稳产性均好，萌芽率 88.2%，结果枝率达 85.7%，结果枝平均果穗数 1.3 个。在浙江海宁地区，3 月下旬萌芽，4 月底开花，8 月上中旬浆果成熟。嫩梢形态半开张，花青素着色弱，茸毛中密。幼叶绿色带红色斑，下表面茸毛中密。成龄叶片中等大，近五角形，绿色，叶片长宽 18.5 cm×20.9 cm，叶柄长 15.3 cm、颜色红，叶面平展，锯齿形状，双侧直，5 裂（较巨玫瑰少，比早甜多），上裂刻深、重叠，裂刻呈"U"形，下裂刻开张，叶柄洼基部形状呈宽拱形，叶背茸毛毡毛（均比亲本少），叶脉花青素弱，背面主脉上直立茸毛密度密。新梢生长半直立（基部叶片较巨玫瑰抗衰老），节间背侧颜色绿具浅红色条纹。两性花，花序第 1 花序位置 3～4 节（图 1-222 至图 1-223）。

栽培要点：前期控制树势促进坐果，后期促进转色。

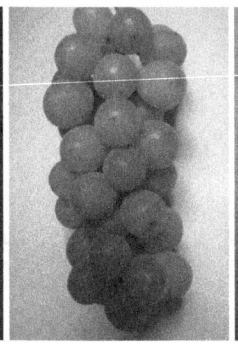

图1-222　天工彩玉叶片　　　　图1-223　天工彩玉果（左）和嫩梢（右）

16. 户太8号

欧美杂种，中熟品种，生长势强。西安市葡萄研究所育成，为奥林匹亚芽变。果穗圆锥形，带副穗，平均穗重583.7 g，穗长19.2 cm，穗宽13 cm，着粒中等紧密，副梢结的二次果平均果穗重450 g左右。果粒短椭圆形或近圆形，平均粒重9.8 g，纵径2.7 cm，横径2.5 cm，对激素不敏感，着色正常，果皮紫红色至紫黑色，果皮厚，稍有涩味，果粉厚，果皮与果肉易分离，果肉较软，肉囊不明显，果汁多，淡草莓香味，酸甜可口，可溶性固形物18.7%，可滴定酸含量0.5%左右，种子1～2粒。二次果果粒略小些。萌芽率80%左右，结果枝率60%左右。在浙江海宁地区促成栽培，3月中旬萌芽，4月上旬开花，8月中旬浆果成熟。嫩梢梢尖半开张，绿色微带紫红色，茸毛中等密。幼叶浅绿色，叶缘带紫红色，下表面茸毛中等密。成龄叶大，近圆形，深绿色，叶正面有网状皱褶，主脉绿色，反面茸毛中等密。叶片多为5裂，裂刻浅。锯齿中等锐。叶柄洼宽拱形。卷须分布不连续，2分杈。冬芽大，短卵圆形、红色。枝条表面光滑，红褐色，节间中等长。两性花。副梢结实力强，2～4次副梢均可结实，枝蔓中等粗。基部叶片生长正常，不易提前黄化，枝蔓中等粗，转色、成熟正常。南方雨水多的地区适宜稀植或限根栽培有利于缓和树势促进坐果。密植园适宜无核化栽培，具体参考巨峰无核化处理。冬季修剪采用短梢修剪为主。该品种在南方上色不匀且难，在葡萄开花后15～20 d疏粒，每穗留50粒左右，控制负载量，每667m^{2}为1 200～1 250 kg，因此转色期畦面铺双色膜、环剥主干等促进着色。果实宜适期采收，否则影响品质。可采用露地栽培，更适合避雨栽培。追肥以萌芽前、坐果后结合灌溉各施1次含氮高的复合肥，施肥量为15 kg/667 m²。果实膨大期及果实着色期各施1次磷钾肥，施肥量为15 kg/667 m²（图1-224至图1-225）。

图1-224　户太8号叶片　　　图1-225　户太8号嫩梢（左）和果（无核化）（右）

第四节　中晚熟品种

一、中晚熟有籽无香

1. 浪漫红颜

欧亚种，中晚熟，生长势旺。引自日本，亲本为阳光玫瑰×温克。果穗圆锥形或圆柱形。平均果穗重884.3 g，穗长18.2 cm，穗宽13.3 cm。果粒紧密度紧，全穗果粒成熟度较一致，果梗与果粒分离难，果粒圆柱形，果蒂凹陷或有棱形，果粒整齐，处理果粒粒重13.8～18.2 g，纵径3.4～3.7 cm，横径2.6～3 cm，果粒颜色紫红色或艳粉红色，果粉薄，果皮中等厚且易剥，无涩味，果汁颜色浅，果肉颜色浅，汁液少，无香味，质地脆，可溶性固形物含量19.6%～20%。种子1～3粒，花芽分化和丰产、稳产性均好。萌芽率95%，结果枝率90%。第1花序着生位于结果枝的第3或4节。在浙江嘉兴地区双天膜促早栽培，3月上旬萌芽，4月上中旬开花，8月上中旬成熟。鲜食。嫩梢形态半开张，浅紫红色，茸毛中等密。幼叶上表面颜色浅红褐色，下表面茸毛密，叶脉正反面均为紫红色，正面有光泽。成龄叶大，心脏形，深绿色，叶面较平展，锯齿形状双侧凸或一侧直一侧凸，裂片数5～7裂，上裂刻开张，中裂刻深，下裂刻开张，叶柄洼基部形状呈闭合椭圆形，叶脉上匍匐茸毛密，叶脉间匍匐茸毛较密，叶背脉基部花青素中等呈玫红色。新梢生长半直立，节间背侧颜色红色，节间腹侧红绿相间（图1-226至图1-227）。

栽培要点：肥水充足，在浙江双天膜促早栽培有利于上色。

图1-226 浪漫红颜叶片

图1-227 浪漫红颜嫩梢（左）和果（右）

2. 金田美指

欧亚种，中晚熟，生长势中庸。河北科技示范学院和昌黎金田苗木有限公司共同育成，亲本为牛奶×美人指。果穗圆锥形，无岐肩，无副穗，平均穗重550 g，穗长17.1 cm，穗宽13.7 cm，果穗紧密。果粒长椭圆形，果皮鲜红色，着色整齐一致，果粒横截面圆形，平均粒重8.0 g，纵径3.4 cm，横径2.1 cm。果粉中等，果皮厚度中等，果皮脆，无涩味。果肉白色，无香味，果肉脆，多汁，果梗极短，抗拉力强，可溶性固形物17.4%。萌芽率84.4%，结果枝率65.6%。第一结果枝位于结果母枝基部的第4节上。在浙江海宁地区，3月下旬萌芽，5月初开花，8月中下旬浆果成熟；嫩梢梢尖半开张，浅紫色，茸毛疏。幼叶上表面紫红色，有光泽，茸毛疏。成龄叶片为单叶，近圆形，叶面绿色，锯齿形状双侧直，5裂，上裂刻稍重叠，基部形状"V"形。下裂刻开张，基部形状"V"形，叶柄洼基部形状闭合呈椭圆形。叶背面有刺毛，密度中等，上下表面主要叶脉颜色弱。新梢半直立，无茸毛，卷须间断分布，节间背侧及腹侧颜色均为红色。转色后至成熟期水分匀易裂果。长、中、短梢混合修剪为主。栽培中注意花序上留 1 叶摘心和 9 月中旬喷植物生长抑制剂促进花芽分化。花后摘心或疏花蕾减少疏果工作量，增大果粒。果粒开始着色前近 10 d 环割或环剥主干促进着色。防治裂果的方法参照新雅，适宜在新疆、河北、辽宁等地栽培（图 1-228 至图 1-230）。

图 1-228　金田美指叶片

图 1-229　金田美指嫩梢

图 1-230　金田美指果

3. 香蕉指

欧亚种，中晚熟，生长势强，引自日本。果穗圆锥形，平均穗重320 g，果粒中等大，果粒长椭圆形略带弯曲或圆柱形，平均粒重5.17 g，纵径4.03 cm，横径1.47 cm，最大粒重7.8 g，着生松散，黄绿色。皮中厚但脆略带涩味，肉细、味甜、爽口，可溶性固形物含量21.4%，品质佳。种子数0～2粒。丰产性一般。萌芽率82.1%，结果枝率达47.5%。浙江海宁地区大棚促成栽培，3月中旬萌芽，5月上中旬开花，8月中下旬成熟。嫩梢形态半开张，花青素着色弱，茸毛极密。幼叶上表面绿色，着色浅红，茸毛中等。新梢生长半直立，节间背侧红具绿条纹，节处较红；成龄叶心脏形，中等大，绿色，具褶皱，5裂，上裂刻闭合，"U"形，中等深；下裂刻开张，"V"形，浅，锯齿双侧凸、侧凹侧凸，叶柄洼基部宽拱形，叶背毡毛极疏，叶脉花青素弱。成熟枝条横截面椭圆形，具条纹，黄褐色；两性花，第1花序3～4节（图1-231至图1-233）。

栽培中参考美人指，注意防日灼、气灼，促进花芽分化。适时采收防果面锈斑。

图1-231 香蕉指叶片

图1-232 香蕉指果

图1-233 香蕉指嫩梢

4. 大紫王

欧亚种，中晚熟，长势旺，浙江省海盐县农业科学研究所等单位育成。果穗分枝形，平均穗重1 313.6 g，穗长22.3 cm，穗宽17.8 cm，果粒中等紧密，果粒椭圆形，自然果粒重12.5 g，果实肥厚较致密，果肉较软，果汁紫红色，汁中多，皮较薄且易剥，果皮紫红至紫黑色，果粉中等厚，果穗长不易落粒。成熟紫色果实可溶性固形物15.7%，可滴定形酸0.43%，口感中等。萌芽率86%～89.7%，结果枝率48.6%～67.6%。在浙江海盐大棚促成栽培，3月中旬萌芽，4月下旬至5月初开花，8月初至中旬成熟。双膜促早，2月中下旬萌芽，4月中旬开花，7月中旬至8月上旬成熟。嫩梢绿色，稍带红色晕，梢尖下3叶半张开，幼叶近圆形，淡紫色。有光泽无茸毛。成龄叶近圆形，平展，深绿色，叶片正反面无光泽无茸毛，5裂，上裂刻较深，下裂刻较浅，锯齿锐。叶柄洼多数为矢形。新梢直立生长，紫红色，梢上无茸毛无光泽。成熟枝淡褐色。种子褐色，2～3粒占多数。据田间观察该品种不抗黑痘病、霜霉病，较抗灰霉病、穗轴褐枯病、白腐病、炭疽病，中抗白粉病。果实易日灼、气灼和裂果，果实贮运中不耐压。国家葡萄产业技术体系杭州综合试验浙江海宁杨渡基地进行了砧穗组合试验，该品种嫁接在SO4和贝达砧上，平均穗重分别是1 089.03 g和1 313.6 g，较自根苗分别提高50.5%和81.6%，粒重较自根苗分别增加5.56 g和3.39 g，内在品质贝达砧可溶性固形物、总糖含量较高。该品种适宜采用单十字飞鸟形架式设施栽培。每667 m² 产量控制在1 500～1 750 kg。着色后严格控制水分防裂果，着色前10 d进行环剥促进着色和提早成熟。适宜小穗形栽培，观光采摘，不适宜商品化生产（图1-234至图1-236）。

图1-234　大紫王叶片　　　图1-235　大紫王嫩梢　　　图1-236　大紫王果

5. 黑三尺

欧亚种，晚熟，生长势中等。引自日本，亲本为红三尺 ×Gousal Kara。果穗圆锥形，无副穗。整穗后果穗重量 429.1 g，果穗长度 18.7 cm，宽度 11.3 cm，自然穗长达 90 cm。果穗紧密度中等，全穗果粒成熟不一致，果梗与果粒分离难，果粒椭圆形，有小青粒，果粒横断面近圆，果粒颜色紫红至紫黑色，果粉中，果粒平均重量 5.2 g，纵径 2.29 cm，横径 2.01 cm，有种子，果皮厚、韧，稍有涩味，果汁颜色极浅，果肉颜色极浅，汁液中等多，质地较软，可溶性固形物含量 16.4%，不易裂果，不耐贮运。花芽分化和丰产、稳产性均好，从基部第 4 节开始发出新梢均有 1~2 个花序，花序长，圆锥形，两性花。第 1 花序着生位置第 4~5 节。花芽分化和丰产、稳产性均好，从基部第 3 节开始发出新梢均有 2 个花序，萌芽率 95.45%，结果枝率达 42.86%。在浙江海宁地区，3 月下旬萌芽，4 月下旬开花，8 月下旬浆果成熟。鲜食。嫩梢黄绿色，带少量茸毛，幼叶黄绿色，上表面有光泽，下表面密披一层稀疏丝毛。新梢生长较直立，节间背侧好、腹侧条状淡紫红色。成龄叶中等大，心脏形，绿色，叶面平展，正、背面均无茸毛，叶片锯齿形状一侧凸一侧直或一凸一凹，裂片数 5 裂，上裂刻中等深、闭合，呈 "V" 形，下裂刻浅、开张，呈 "V" 形，叶柄洼基部形状呈窄拱形，叶脉匍匐茸毛疏，叶间无茸毛，叶脉花青素弱。叶柄洼轻度开张。

栽培要点：疏穗，每结果枝留 1 穗，穗整小，产量控制在 1 250 kg/667m²，有利着色（图 1-237 至图 1-239）。

图 1-237　黑三尺叶片

图 1-238　黑三尺嫩梢正面（左）和背面（右）

图 1-239 黑三尺果

6. 贝儿

欧美种，中晚熟，生长势中等偏弱。引自日本，亲本为 Bailey × Hamburg。果穗圆锥形，平均果穗重量 516.1 g，果穗长度 24.0 cm，果穗宽度 15.5 cm，果穗紧密度中等，全穗果粒成熟不一致，果梗与果粒分离难。果粒小，椭圆形，果粒整齐，果粒横断面近圆，果粒颜色紫红至紫黑色，果粉中，果粒平均重量 4.29 g，纵径 2.08 cm，横径 1.80 cm，种子多数为 2～4 粒。果皮厚度中，韧，无涩味，果汁颜色极浅，果肉颜色极浅，汁液中，质地较软，味酸甜，可溶性固形物含量 17.9%～22%，品质佳，不易裂果，不耐贮运。花芽分化好，丰产稳产性好，副梢易成花，易结二次果。第 1 花序着生位于第 3～5 节，多数为第 4 节，每结果枝 2～3 穗，两性花，穗梗玫红色（花穗观赏价值高）。萌芽率 60.78%～88.9%，结果枝率达 74.15%～100%。在海宁，3 月中旬萌芽，4 月下旬至 5 月初开花，8 月下旬成熟。嫩梢梢尖闭合，梢尖匍匐茸毛密，花青素着色深。幼叶上表面绿中泛紫红，背面主脉间匍匐茸毛密。新梢半直立，节间背侧绿具红色条纹，生长势中庸。单叶，成龄叶中等大，心脏或五角形，叶片绿色，叶面平展但粗糙，叶背茸毛为毡毛，叶脉花青素中，叶脉基部与叶柄交接处玫红色。叶片 3 裂，上裂刻浅开张"V"形；叶柄洼闭合椭圆形。叶柄锯齿双侧凸。成熟枝条红褐色，表面有毛和粉状物。栽培中注意疏穗控产，观光树种比较适宜，花序颜色与众不同，管理简单，多次结果，穗容易整成双穗（图 1-240 至图 1-243）。

图1-240　贝儿叶片　　　　图1-241　贝儿嫩梢背面（左）和正面（右）

图1-242　贝儿自然果　　　　图1-243　贝儿整穗疏果

7. 甜太阳

欧亚种，中晚熟，生长势中等偏强。引自日本，亲本为芭拉帝×奥山红宝石。果穗圆锥形，无副穗。果穗重量500～750 g，果穗紧密度中等，全穗果粒成熟较一致，果梗与果粒分离难，果粒长椭圆形，果粒整齐，果粒横断面近圆，果粒颜色黄绿色，果粉中，果粒平均重量10.94 g，纵径3.24 cm，横径2.36 cm，有种子，果皮厚度中，韧，稍有涩味，果汁颜色极浅，果肉颜色极浅，汁液少，质地脆，可溶性固形物含量16%～19.3%。无核处理果粒重7～8 g，纵径2.86 cm，横径1.97 cm，易裂果，不耐贮运。花芽分化和丰产、稳产性较好，从基部第1～3节开始发出新梢均有1～2个花序，萌芽率

73.08%～89.7%，结果枝率达78.95%～88.6%。在浙江海宁地区，3月下旬萌芽，5月上中旬开花，9月中下旬浆果成熟。鲜食。嫩梢形态开张，花青素着色中等，茸毛中密，边缘红色。幼叶上表面颜色紫红有光泽，叶脉紫红，叶背匍匐茸毛疏。成熟叶片叶型单叶，心脏形，绿色，叶面较平展，锯齿形状双侧凸，上裂刻深、重叠，下裂刻极浅、开张，叶柄洼基部形状呈宽拱形，叶脉匍匐茸毛疏，叶间无茸毛，叶脉花青素弱。新梢生长半直立，节间背侧颜色绿具红条纹，腹侧绿。两性花，花序第1花序位置3～4节（图1-244至图1-247）。

栽培要点：自然坐果，单性果过多无商品价值，适宜无核化栽培，具体参考浪漫红颜。

图1-244　甜太阳嫩梢背面

图1-245　甜太阳嫩梢正面

图1-246　甜太阳叶片

图1-247　甜太阳（无核化）

8. 克林巴马克

欧亚种，中晚熟，生长势较强。原产乌兹别克斯坦，是当地品种白胡赛因的变异品种。果穗圆锥形，穗重350～750 g，果粒着生中等紧密，果粒长椭圆形略带弯曲，似手指，粒重6～7 g，纵径4.3 cm，横径1.6 cm，黄绿色，外观极其美丽。果粉薄，果皮薄、肉细脆、汁中多，味甜，爽口，可溶性固形物含量达16%～17%，种子1～4粒，品质佳。花芽分化不稳定，丰产性一般。萌芽率70%左右，结果枝率40%左右。在浙江余姚地区，3月初萌芽，4月下旬开花，8月中下旬成熟。在北京，萌芽率68%，结果枝率23%，4月中旬萌芽，5月下旬开花，8月下旬至9月上中旬成熟。嫩梢浅紫红色，茸毛极疏。幼叶黄绿色带浅紫红色，叶片上表面有光泽，无茸毛。成龄叶中等大，心脏形，黄绿色，叶正反面均无茸毛，心脏形，5裂，上裂刻浅、开张，基部呈"U"形；下裂刻开张，基部呈"V"形。锯齿双侧凸。叶柄洼拱形。新梢生长半直立，节间背侧红色，腹侧绿色或带红色条纹，无茸毛。两性花，第1花序着生于结果枝的第5节。冬季5芽修剪，第一结果枝位于结果母枝的第3节。一年生成熟枝条黄褐色，横截面扁圆形或近圆形，有细槽。国家葡萄产业技术体系余姚干焕宜示范基地试种，采用稀植，株距至少4 m，平棚架"H"形整形，5～7芽中梢修剪，提高结果枝率、穗重和粒重。该品种抗寒力中等，耐旱性较强，抗病性较差，栽培时要加强对黑痘病、白腐病等病害的防治。采收时注意托住果穗，防治穗梗因脆而断。适合观光旅游采摘（图1-248）。

图1-248 克林巴马克叶片背面（左）、正面（中）、果（右）

二、中晚熟有籽有香

1. 鄞红

欧美种，中熟，生长势旺。为浙江宁波东钱湖旅游度假区野马湾葡萄场、浙江万里学院、宁波市鄞州区林业技术管理服务站共同选育而成的葡萄新品种，为藤稔芽变。果穗近圆锥形，带副穗，穗重 524.8～828.1 g，穗长 16～18 cm，穗宽 11.9～15.1 cm，果粒着生中紧，较均匀。果实椭圆形，紫红至紫黑色，自然粒重 9.2～10.4 g；纵径 2.6～2.7 cm，横径 2.5～2.6 cm。果皮中厚、韧，果粉中等，果汁多，果肉较巨峰硬脆，与果肉易分离，风味浓，种子 1～3 粒。可溶性固形物可达 16%～19%，可滴定酸含量 0.36%，无核处理或保果转色后水分供应不匀易裂果。花芽易形成，丰产稳产好，但坐果不稳。萌芽率 83.3～89.3%，结果枝率 70.9%～75.9%。在浙江海宁地区，3 月底萌芽，5 月中下旬开花，8 月中下旬果实成熟期。在宁波促成栽培，3 月中旬萌芽，5 月上中旬开花，7 月底成熟。嫩梢顶端稍带红色，幼叶表面带茸毛，灰白色，叶尖略带红色；叶片浓绿，成叶中等大至大；叶厚、近圆形，叶面光滑无毛，叶背毛中偏少；3～5 裂，上中裂刻中深，下裂刻较浅，锯齿二侧凸。叶柄洼矢形。冬芽肥大、鳞片红色，三角形。两性花，花序多着生在结果枝的 3～4 节上。一年生枝红褐色。

栽培要点：稀植，株距 3～10 m，缓和树势，结果母枝粗度控制在 8 mm 左右。注意防灰霉病，果实成熟期供水不匀易裂果。具体参考巨峰栽培。鄞红葡萄主梢、副梢都易成花。二次果开花期如遇高温气候，落花落果较严重，故摘心逼芽时期应掌握在 6 月 20 日至 7 月底之前（图 1-249 至图 1-251）。

图 1-249 鄞红叶片

图 1-250 鄞红嫩梢

图 1-251 鄞红果

2. 绿马司卡特

欧亚种，中晚熟，生长势弱，引自日本，果穗圆锥形，无岐肩，无副穗。果穗重量 510 g 左右，果穗长度 18.1 cm，果穗宽度 13.0 cm，果穗紧密度中，全穗果粒成熟一致，果梗与果粒分离难，果粒椭圆形，果粒整齐，果粒横断面近圆，果粒颜色黄绿色，果粉中等厚，果粒平均重量 7～10 g，纵径 2.6 cm，横径 2.2 cm，有种子，果皮中等厚，无涩味，果汁颜色浅，果肉颜色浅，汁液多，玫瑰香味浓，质地软，可溶性固形物含量 18.0%，无裂果。萌芽率 95.5%，结果枝率达 97.9%。第一结果枝位于结果母枝基部的第 3、4 节上。在浙江海宁地区，3 月下旬萌芽，5 月上旬开花，8 月中旬浆果成熟。从萌芽到浆果成熟需 140～176 d。鲜食。嫩梢形态半开张，无花青素着色，茸毛密。幼叶上表面颜色紫红色，着色浅红，茸毛中等。新梢姿态直立，生长势弱。成熟叶片叶型单叶，近圆形，绿色，叶面平展，锯齿形状侧凹侧凸，裂片数 3 裂，上裂刻闭合，叶柄洼基部形状宽拱形，无叶背茸毛，无叶脉花青素。花序第 1 花序位置 5 节以上。栽培上通过拉花序减少疏花疏果工作量使果粒增大，采摘时间不宜过长，否则易缩果。仅避雨设施就能实现优质、安全、稳产、高效目标，是一个适宜南方地区生产、观光采摘的葡萄新品种（图 1-252 至图 1-253）。

图 1-252　绿马司卡特叶片　　　图 1-253　绿马司卡特嫩梢（左）和果（右）

3. 秋红宝

欧亚种，中晚熟，生长势强，系山西省农业科学院育成，亲本为瑰宝×粉红太妃。果穗圆锥形，双岐肩，平均果穗重 502.7 g，果穗长 19.1 cm，宽 13.5 cm。果粒着生中等紧密，大小均匀，果粒为短椭圆形，单果重 7.2 g，果粒纵径 2.5 cm，横径 2.2 cm。果皮紫红色，薄、脆，果皮与果肉不分离，果肉致密硬脆，味甜，具荔枝香味，风味独特，品质上等，可溶性固形物 17.5%，可滴定酸含量 0.31%。种子多数为 2～3 粒。嫩梢黄绿色带紫红，具稀疏茸毛，幼叶浅紫红色，有光泽，叶背具有稀疏的直立茸毛，叶面具稀疏茸毛。叶片心脏形，深绿色，表面无茸毛、光滑，中等大小，叶缘向上，中等厚，5 裂，上裂刻深且重叠，下裂刻中等深，呈"V"形。叶柄洼为窄拱形，叶缘锯齿一侧直一侧凸，叶背面有稀疏刚状茸毛，叶脉花青素着色弱。两性花，第 1 花序一般着生在第 4～5 节。一年生成熟枝暗红色。在浙江海宁地区，3 月下旬萌芽，5 月上旬开花，8 月中下旬成熟。萌芽率 98.1%，结果枝率 81.8%。在山西晋中地区，4 月上中旬萌芽，5 月下旬开花，9 月中下旬成熟。萌芽率 84.9%，结果枝率 57.0%。在杭州综合试验站区试园表现一般，易感灰霉和酸腐病，不适宜在浙江推广。适宜华北、西北地区，篱架栽培，龙干形整枝。每 667m² 产量控制在 1 250～2 000 kg，整穗疏花（图 1-254 至图 1-255）。

图 1-254　秋红宝嫩梢　　　　图 1-255　秋红宝叶片（左）果和（山西）（右）

4. 达米娜

欧亚种，中晚熟，生长势中等，原产罗马尼亚，亲本为比坎×玫瑰香。1996 年引入我国。果穗圆锥形或圆柱形，平均穗重 483 g，穗长 15.7 cm，穗宽 11.6 cm，果粒着生紧密；果粒椭圆形或倒卵圆形，平均粒重 8.2 g，果粒纵横径 2.73 cm，横径 2.39 cm；果皮粉红色至紫红色，中厚，果粉厚，稍有涩味，果肉硬度中等，汁液多，复合玫瑰香型，果肉与种子易分离，每果粒含种子 1～3 粒，可溶性固形物含量 17.5%，不裂果，耐贮运。在浙江海宁地区促成栽培，3月中旬萌芽，5月上旬开花，7月下旬浆果成熟。在河北昌黎地区4月中旬萌芽，5月下旬开花，9月中旬浆果成熟。萌芽率78.26%，结果枝率达44.44%。嫩梢绿色，附暗红条纹，有茸毛；幼叶黄绿色，正面和背面具较密的刺毛；新梢半直立，具稀疏茸毛，节间绿色，有紫红色条纹；冬芽大而饱满、附紫红晕斑。成龄叶黄绿色，中等大，心脏形，5裂，上裂刻极深重叠呈"U"形，下裂刻中开张呈"V"形；叶背主脉及各级侧脉具较密刺毛；叶缘锯齿两侧凸；叶柄平均长9～10 cm，叶柄短于主脉，叶柄洼窄拱形。叶背主脉、侧脉及叶柄均具刺毛是主要识别特征。该品种坐果率高，最好采用花序留1叶摘心自然拉长花序，疏花替代疏果，花后摘心，以减少疏果工作量，严格控制产量在1 250～1 500 kg/667m^2，以促进果穗着色（图1-256至图1-257）。是一个适宜南方地区生产、观光采摘的葡萄新品种。在浙江金华受采摘者欢迎。

图1-256 达米娜叶片

图1-257 达米娜嫩梢（左）和果（右）

5. 红马司卡特

欧亚种，中晚熟，生长势强，上海交通大学育成，系亚历山大红色芽变。果穗圆柱形，果粒中等紧密，单岐肩，无副穗，其中果穗长度17.0～19.0 cm，果穗宽度10.0～13.0 cm，果穗重量550 g左右，全穗果粒成熟一致，果梗与果粒分离难，果粒大小均匀，椭圆形，单粒重5.0～7.6 g，纵径2.35～2.80 cm，横径1.98～2.23 cm，可溶性固形物18.5%～20.5%，可滴定酸含量0.3%～0.4%，果实中维生素C含量4.66%，有浓郁的玫瑰香味。一般有 2～4 粒种子，果粉厚，果皮中等厚且易剥，果实颜色紫红色至紫黑色（上年度淹水 144 h），果汁颜色和果肉颜色均较浅，汁液量中等，质地软。不同砧木品种萌芽率为 40%～100%，结果枝率为 82.6%～100%，自根苗萌芽率为 73.8%，结果枝率为 87.1%；超过自根苗萌芽率、结果枝率的砧木有 3309c、Gloire、101-14、1103、抗砧 1 号、贝达。在浙江海宁地区，3 月下旬萌芽，5 月上旬开花，8 月中旬浆果成熟，不易裂果，商品性极高，耐挤压，耐贮运性好，货架期较长，相比同期成熟的红宝石无核更容易贮存，采收时间长（8 月至 12 月初）。鲜食。嫩梢形态开张，花青素着色中，茸毛密。幼叶上表面颜色紫红色，着色浅红，无茸毛。新梢姿态直立，节间背侧颜色红色，一年生成熟枝浅褐色，节部凸出，红褐色。成熟叶片叶型单叶，心脏形，绿色，叶面平展度具皱褶、叶缘上卷，锯齿形状双侧凸，裂片数 5 裂，上裂刻重叠，下裂刻开张，叶柄洼基部形状呈窄拱形，无叶背茸毛，叶脉花青素弱。两性花，花序第 1 花序位置 3～4 节。红马斯卡特在浙江延后栽培至 11 月底采收，即使叶黄枯落，果实还能保持固有的风味及外观，栽培省力，通过拉花序减少疏花疏果工作量使果粒增大，仅避雨设施就能实现优质、安全、稳产、高效目标，是一个适宜南方地区生产、观光采摘的葡萄新品种（图 1-258 至图 1-261）。

图 1-258　红马司卡特叶片

图 1-259　红马司卡特嫩梢

图 1-260　红马司卡特（无核化）　　　图 1-261　红马司卡特自然果

第五节　晚熟品种

一、晚熟无籽无香

1. 金田皇家无核

欧亚种，极晚熟，生长势强，河北科技示范学院和昌黎金田苗木有限公司共同育成。亲本为牛奶×皇家秋天，果穗圆锥形，无岐肩，无副穗。平均果穗重414.0 g，果穗长度21.0 cm，果穗宽度11.6 cm，果穗紧密度中等，全穗果粒成熟一致，果梗与果粒分离难，果粒鸡心形或长椭圆形，果粒整齐，果粒横断面近圆，果粒颜色紫色，果粉中等厚，果粒平均重量5.2 g，纵径2.4 cm，横径2.0 cm，无核，果皮中厚，无涩味，果汁颜色浅，果肉颜色浅，汁液较多，清香味，果肉较脆，可溶性固形物含量13.9%～15%。萌芽率93.3%，结果枝率达81.4%，结果枝位于结果母枝第2或3节。在浙江海宁地区，3月下旬萌芽，5月上中旬开花，9月中下旬浆果成熟。鲜食。嫩梢形态开张，花青素着色弱，茸毛较密。幼叶上表面颜色浅红褐色，无茸毛。新梢姿态直立，节间背侧绿具红条纹，腹侧绿。成龄叶心脏形或近圆形，深绿色，具皱褶，叶缘上卷，锯齿双侧直，5裂，上裂刻较深、重叠、"U"形，下裂刻较浅、重叠、"U"形。叶柄洼开张宽拱形。叶脉直立茸毛较密，叶脉间茸毛极疏，叶脉花青素弱。两性花，花序第1花序位置3～4节（图1-262至图1-264）。

栽培要点：整穗，花序剪去穗梗长的1/4左右，注意增施有机肥和叶面肥，提高糖度。适合在浙江及同类生态区设施栽培，也适宜在华北、西北干旱和半干旱地区栽培。

图1-262　金田皇家无核叶片

图1-263　金田皇家无核嫩梢

图1-264　金田皇家无核嫩梢（左）和不同产地果（中、右）

2. 夜美人

欧亚种，中晚熟，生长势强。引自美国，果穗圆锥形，无副穗。平均果穗重量493 g，果穗长度15 cm，果穗宽度14.3 cm，果穗紧密，全穗果粒成熟较一致，果梗与果粒分离难，果粒长椭圆形，果粒整齐，果粒横断面近圆，果粒颜色浅紫红，果粉薄，果粒平均重量9.3 g，纵径3.7 cm，横径2.1 cm，无种子，果皮薄、脆，无涩味，果汁颜色极浅，果肉颜色极浅，汁液少，质地脆，可溶性固形物含量15.0%，易裂果，耐贮运。花芽分化一般，从基部第3节开始发出新梢均有1个花序，萌芽率84.62%，结果枝率达40.90%。在浙江海宁地区，3月下旬萌芽，5月上中旬开花，9月中下旬浆果成熟。鲜食。嫩梢形态开张，花青素着色弱，茸毛密。幼叶上表面颜色浅红褐，着色浅红，茸毛疏。成熟叶片叶型单叶，心脏形，绿色，叶面具褶皱，锯齿形状双侧凸，上裂刻重叠呈"U"形，下裂刻开张呈"V"形，叶柄洼基部形状呈闭合椭圆形，叶脉直立茸毛密，叶间茸毛疏，无叶脉花青素。新梢生长半直立，节间背侧颜色绿具红条纹，腹侧绿。两性花，花序第1花序位置3～4节（图1-265至图1-266）。

栽培要点：该品种适宜用赤霉素拉长花序，否则果粒太紧凑易挤裂；在花后10～15 d用赤霉素25～45 mg/L喷或浸果穗增加果粒；浙江等同类生态区控制产量在1 250 kg/667m²以内，有利于着色和确保优质。

图1-265 夜美人叶片

图1-266 夜美人嫩梢（左）和果（右）

3. 红宝石无核

欧亚种，晚熟，生长势强。引自美国，亲本为皇帝×Pirorano。果穗长圆锥形，有岐肩。平均果穗重量592.8 g，果穗长度17.4 cm，果穗宽度12.8 cm，果穗紧密度中等，全穗果粒成熟较一致，果梗与果粒分离难，果粒椭圆形或卵圆形，果粒整齐，果粒横断面近圆，果粒颜色绿色泛浅紫红，果粉薄，果粒重量6.8 g，纵径2.7 cm，横径2.2 cm，无核，果皮薄，较脆，稍有涩味，果汁颜色极浅，果肉颜色极浅，汁液中等多，质地脆，可溶性固形物含量15.5%～19%，可滴定酸含量0.3%。较易裂果。花芽分化和丰产、稳产性均好，从基部第 2 节开始发出新梢均有 1 个花序，萌芽率 100%，结果枝率达 88.4%，结果枝位于结果母枝的第 2～3 节，每个结果枝平均着生花序幕 1.5 个，两性花，第 1 花序位于第 4～5 节。在浙江海宁地区，4 月初萌芽，5 月中旬开花，9 月上中旬浆果成熟。在北京地区，4 月中旬萌芽，5 月下旬开花，9 月中下旬浆果成熟。鲜食。嫩梢紫红色，光滑无茸毛。幼叶上表面颜色黄绿色带紫红色晕，有光泽，无茸毛。成龄叶大，心脏形，深绿色，叶缘稍向上翘，5 裂，上裂刻深重叠呈 "U" 形，下裂刻浅开张呈 "V" 形，锯齿大、稍钝，大多数双侧凸，叶柄洼基部形状呈闭合椭圆形，部分开张呈宽拱形，叶脉直立茸毛较密，叶间疏，叶脉花青素中。新梢生长半直立，节间背腹侧颜色绿具红条纹，一年生成熟枝红褐色。

栽培要点：现蕾后到开花前，分批分次疏穗，疏去过多、过大及弱小的果穗，一般按照"一个果枝留一个花序，弱枝不留花序"的原则。花序整形一般在花前一周，去除基部副穗、岐肩，剪除基部较长的花枝或剪除 1/2 花枝和掐去穗尖 1/5～1/4，保留花序中部。为减轻疏果量，花序可隔 2 个分支疏去一分枝幕，浆果着色时喷 2～3 次氨基酸钾促进着色。自根苗着色好。浙江及同类生态区设施栽培注意防治灰霉病、绿盲蝽等病虫害，北方等露天栽培地区注意防治黑痘病、霜霉病（图 1-267 至图 1-268）。

图 1-267　红宝石无核嫩梢　　　　图 1-268　红宝石无核果（左）和叶片（右）

二、晚熟无籽有香

1. 瑞都无核怡

欧亚种，中晚熟，长势强。北京市农林科学院林业果树研究所用香妃和红宝石无核杂交育成。果穗圆锥形，有副穗，单岐肩较多，平均穗重398.5～459.0 g，穗长16.7～17.8 cm，穗宽11.4～12.3 cm，果粒着生密度中等，果粒椭圆形或近圆形，平均单粒重5.9 g，纵径2.4 cm，横径2.0 cm。果粒大小较整齐一致，果皮紫红色，色泽较一致。果皮薄，果粉厚，果皮较脆无涩味，果肉无香味，质地较脆，硬度中至硬，酸甜多汁，肉无色。果梗抗拉力中等，横断面为圆形。可溶性固形物16.7%，可滴定酸含量0.48%。在浙江海宁地区，3月中旬萌芽，5月上中旬开花，8月下旬浆果成熟。萌芽率94.6%，结果枝率88.6%。嫩梢梢尖开张，花青素着色中等，幼叶橙黄色，上表面茸毛密度极疏，有光泽，着色中等，下表面有茸毛密度疏。成龄叶单叶心脏形，绿色，中等大小，中等厚，5裂，叶缘上卷，上裂刻开张或稍重叠，下裂刻开张，锯齿性状为双侧凸，叶柄洼宽拱形（图1-269至图1-270）。

栽培要点：因节间短，提早抹芽、定梢，花前10～15 d用3～5 mL/kg赤霉酸喷花序拉长花序，花后8～10 d用45 mL/kg赤霉酸喷果穗膨大果粒。果实转色后注意补充磷钾肥并及时防治灰霉、酸腐病、白腐病等病害。开始转色后注意控水防裂果。

图1-269　瑞都无核怡嫩梢　　　　图1-270　瑞都无核怡叶片（左）和果（右）

2. 莫利莎无核

欧亚种，晚熟，生长势强。引自美国。亲本为克瑞森无核×B40-208。果穗圆锥形，有岐肩，平均果穗重536.1 g，果穗长度17.6 cm，果穗宽度12.8 cm。果粒着生中等紧密。果粒长椭圆形，黄绿色，充分成熟时金黄色。果粒较大，平均重量7.3 g，果粒纵径2.8 cm，横径2.2 cm。果皮中等厚，果粉少，果皮与果肉不易分离。果肉硬、脆甜，略有玫瑰香味，无核，可溶性固形物17.5%～19%。自根苗至嫁接苗，萌芽率75%～92%，结果枝率72.5%～91.4%。结果枝着生于结果母枝第3节以上。在浙江海宁地区促成栽培，3月中下旬萌芽，5月上中旬开花，8月下旬至9月初成熟。嫩梢开张，黄绿色，无茸毛。幼叶绿黄色泛红褐色，叶背粗糙，无茸毛。成龄叶中等大，心脏形，深绿色，5裂，上裂刻一侧重叠一侧开张"V"形，下裂刻开张"V"形。上表面呈网状皱，下表面无茸毛。叶缘稍上卷，锯齿双侧凸。叶柄洼开张矢形。一年生成熟枝浅褐色（图1-271至图1-274）。

栽培要点：设施促成或避雨栽培，"一"字形整形，中长梢修剪；提早抹芽、定梢、疏穗；用3～5 mL/kg赤霉酸喷花序或结果枝花上留1叶摘心自然拉长花序，花后8～10 d用45 mL/kg赤霉酸喷或浸花穗保果，防治灰霉病，控制树势促进枝蔓老熟。在浙江及同类生态区采用嫁接苗为宜，围垦海涂土，需嫁接在3309C砧木上，结果枝率达91.4%。

图1-271 莫利莎无核叶

图1-272 莫利莎无核嫩梢

图1-274 莫利莎无核果

图1-273 莫利莎无核结果状

三、晚熟有籽无香

1. 新雅

欧亚种,晚熟,生长势强。新疆葡萄瓜果开发研究中心育成,果穗长度19.0 cm,果穗宽度15.6 cm,果穗重量668.6 g,果穗紧密度中,果粒成熟一致,果梗与果粒分离难,果粒呈长椭圆形,果粒有小青粒,果粒颜色艳玫红色,果粉厚度中,果粒平均重量9.99 g,纵径3.37 cm,横径2.3 cm,种子充分发育,种子粒数2粒,果皮薄,无涩味,果汁颜色极浅,果肉颜色极浅,汁液中,质地脆,可溶性固形物含量16%～19%,萌芽率94.5%,结果枝率达85%。第一结果枝位于结果母枝基部的第2～4节上,短梢修剪的位于第1节上。花芽分化、丰产性、稳产性好,嫩梢绿带微红色,无茸毛,幼叶绿色,有光泽,叶柄绿带微红,叶背无茸毛。成龄叶片中等大,正反两面无茸毛,绿色,5裂,上裂刻中、下裂刻浅,锯齿中锐,两侧凸,叶柄洼"V"形张开。1年生成熟枝条黄褐色。两性花,第1花序位于结果枝的第3～4节上。在浙江海宁地区,3月下旬萌芽,4月下旬开花,8月下旬浆果成熟。7个砧木延后采收至12月2日,据测定,果肉脆、可溶性固形物含量19%的砧木为Dogridge,其他6个砧木不同程度上出现软果、空心或糖度降低至16%以下(图1-275至图1-277)。鲜食。

图1-275 新雅叶片

图1-276 新雅嫩梢

图1-277 新雅果

栽培要点:"H"形架,双飞鸟叶幕。次年当新梢长至花序上能分辨出2叶时留1叶摘心,有利于拉长花序基本不用疏果,顶副梢长至花上6叶时留5叶摘心，其余副梢留1叶绝后摘心，之后顶副梢4叶摘心连续2～3次。精品果园可以按照穗重750 g左右进行疏果，每穗保持60～80粒果实。新雅会出现日灼，套袋前采取副梢扭梢或打伞或用白纸挡光避免阳光直射，以减轻日烧（灼）。注意防裂果，采用果粒开始着色沟内铺膜隔水栽培或种在标准棚中间远离水沟。防治蚧类、螨类等虫害。

2. 新郁

欧亚种，晚熟，生长势极强。新疆葡萄瓜果研究中心1984年收集红地球自然杂交种子播种，从后代中选择表现较好的单株E 42-6扩繁。1991年以E 42-6为母本，以里扎马特为父本进行杂交，后代编号为SP262的品系优良性状突出，被定名为新郁。2005年该品种通过了新疆维吾尔自治区农作物品种登记委员会登记表。果穗圆锥形。平均果穗重量638.7 g左右，果穗长度20.7 cm，宽度14.5 cm，果穗紧密度紧凑，全穗果粒成熟较一致，果梗与果粒分离难，果粒椭圆形，果粒整齐，果粒横断面近圆，果粒颜色紫红至紫黑，果粒平均重量15.9，纵径3.4 cm，横径2.9 cm，最大粒重17.2 g，果粉中等，果皮薄，无涩味，果汁颜色浅，果肉颜色浅，汁液多，果肉质地较脆，可溶性固形物含量16.5%，有种子2～3粒，较易裂果。早果性稍差，四年生开始丰产，从基部第2～5节开始发出新梢有花序，每果枝平均花序数1.08，在浙江自根苗平均萌芽率95.4%，平均结果枝率22.5%。在浙江海宁地区，3月中下旬萌芽，5月上旬开花，9月上旬浆果成熟。在新疆鄯善地区，4月中旬萌芽，5月中旬开花，9月上中旬果实完全成熟。鲜食。嫩梢形态开张，无花青素着色，无茸毛。幼叶上表面颜色浅红，无茸毛，有光泽，下表面稀疏茸毛。成龄叶大，近圆形或心脏形，黄绿色，叶面较平展、叶缘下卷，上下表面无茸毛，锯齿形状有多双侧直、少量侧凹侧凸，5裂，上裂刻中等深、重叠，下裂刻浅、开张，叶柄洼基部形状全闭合，叶脉茸毛较疏，叶间无茸毛，叶脉花青素基本没有。新梢生长半直立，节间背侧颜色绿具红条纹，腹侧绿。两性花，花序第1花序位置大多数为第4～5节。一年生枝灰褐色（图1-278至图1-281）。

栽培要点：该品种适应性强，在浙江表现果实外观极美，果粒大，疏果工作量轻，栽培中注意稀植，通过嫁接措施促进花芽分化。开花前进行疏花序和花序整形，按预定留量摘除多余的花序，去除基部3～4个副穗。每个新梢只留 1 穗果，其余的全部去除，过弱新梢不留果，预备枝上的新梢若能达到产量要求则不留果。果穗整形在果实进入快速膨大期之前，在花后 10～20 d，按规整的圆锥形或圆柱形修整，将穗尖和四周过长的小穗剪齐，疏去形状不正、部位不好、内膛过挤以及过小果粒，每穗留 50～60 粒即可。在果实成熟期可疏除枝条基部老叶，以有利着色。冬季修剪时以中长梢相结合的修剪模式为主，果实成熟前一个月均衡供水防裂果，雨水多年份防治枝干溃疡病。在新疆南北疆为代表的气候干燥、活动积温较高的葡萄区更适宜。选择土壤条件较好的地块栽培，宜采用棚架，株行距 1.5 m×5 m。疏花疏果，果穗调整为 600 g 左右。杭州综合试验站用 Gloire、夏黑、抗砧 1 号、抗砧 6 号 4 个砧木嫁接新郁，结果表明均能提高新郁的萌芽率和结果枝率，Gloire 与自根苗的总酚含量和总糖含量显著高于夏黑、抗砧 1 号、抗砧 6 号，Gloire、抗砧 1 号的平均粒质量显著高于夏黑和自根苗。主成分分析综合评价表明，4 种砧木中，Gloire 为最适宜新郁葡萄的优良砧木。

图 1-278　新郁嫩梢　　　　　图 1-279　新郁叶片

图 1-280　新郁果穗　　　　　图 1-281　新郁结果状

3. 金田 0608

欧亚种，晚熟，生长势较强。河北科技示范学院和昌黎金田苗木有限公司共同育成，亲本为秋黑葡萄×牛奶葡萄。果穗分枝形，无岐肩，无副穗，平均果穗重量 565 g，果穗长度 17.8 cm，果穗宽度 13.8 m，果穗紧密度松，全穗果粒成熟一致，果梗与果粒分离难，果粒椭圆形，果粒整齐，果粒横断面近圆，果粒紫黑色，果粉薄，果粒平均重量 7.5 g，纵径 2.7 cm，横径 2.2 cm，可溶性固形物 16.2%～20.22%。有种子，果皮薄，果皮无涩味，果汁颜色浅，果肉颜色浅，汁液较多，质地软，萌芽率 97.9%，结果枝率达 87.2%。第一结果枝位于结果母枝基部的第 2～4 节上。在浙江海宁地区，3 月下旬萌芽，5 月上旬开花，8 月中下旬浆果成熟。从萌芽到浆果成熟需 141～165 d。鲜食。嫩梢形态开张，无花青素着色，茸毛疏。幼叶上表面颜色绿色，着色绿，无茸毛。新梢姿态直立。成熟叶片叶型单叶，近圆形，浓绿色，叶面平展度具皱褶，锯齿形状双侧凸，裂片数 5 裂，上裂刻开张、呈"V"形，下裂刻开张、呈"V"形，叶柄洼基部形状呈宽拱形，无叶背茸毛，叶脉花青素弱。两性花，花序第 1 花序位置结果枝的第 4 节。栽培中注意花后摘心或疏花蕾减少疏果工作量，增大果粒（图 1-282 至图 1-283）。

图 1-282　金田 0608 叶片

图 1-283　金田 0608 嫩梢（左）和果（右）

4. 白罗沙里奥

欧亚种，晚熟，生长势强，引自日本。亲本为 Rosaki × 亚历山大红玫瑰。果穗圆锥形，无岐肩，有副穗，穗重 635～866 g，穗长 17.6～20.7 cm，穗宽 14.9～17.5 cm，果穗紧密度中等，全穗果粒成熟一致，果梗与果粒分离难，果粒椭圆形，粒重 8.6～9.2 g，粒纵径 2.98～3.03 cm，粒横径 2.28～2.32 cm，果粒不整齐，有小青粒，果粒横断面近圆，果粒颜色黄绿色，果粉厚，有种子，果皮中等厚韧，无涩味，果汁颜色极浅，果肉颜色极浅，汁液多，无香味，质地较脆，可溶性固形物 16.7%～20%，种子 1～4 粒，多数为 2 粒。鲜食。萌芽率为 60%～70%，结果枝率为 80%～85%，在浙江海宁地区，4 月上旬萌芽，5 月中下旬开花，9—10 月成熟。嫩梢形态半开张，花青素着色中，无茸毛。幼叶上表面颜色紫红色，着色浅红，无茸毛。成龄叶中等大，肾形，绿色，较薄，叶面平展度具皱褶、叶缘下卷，锯齿形状双侧凸，裂片数 3～5 裂，上裂刻深，下裂刻浅，叶柄洼基部形状呈宽拱形，无叶背茸毛，无叶脉花青素。新梢姿态半直立。新梢节间背侧紫红色，腹侧绿色，一年生枝条黄褐色。两性花，花序第 1 花序位置 5 节以上（图 1-284 至图 1-286）。

图 1-284　白罗沙里奥叶片

图 1-285　白罗沙里奥嫩梢　图 1-286　白罗沙里奥果

栽培要点：该品种萌芽很不整齐，因此萌芽前使用破眠剂（荣芽和破眠剂 1 号）萌芽率较不用的分别提高 67% 和 44.4%，结果枝分别提高 28.6% 和 26.6%。该品种自然坐果过多，需通过花序上留 1 叶摘心或花前 10～15 d 喷 5 mg/L 的赤霉素拉长花序，该品种花穗大，自然坐果率高，但存在一定的大小粒现象，必须进行整穗和疏果，在始花前 3 d 整穗，留穗尖 7 cm。花后 18～20 d 果穗喷"葡晶"，以增大果粒和增加果肉硬度。花期控制温度，低于

20℃高于30℃易产生单性果,增加疏果工作量和成熟时锈果。套袋前严格控制白粉病发生,否则容易产生果锈、裂果。适宜浙江及类似生态区设施栽培。

5. 红萝莎里奥

欧亚种,晚熟,生长势中等偏弱,引自日本。亲本为 Rosario Bianco × Ruby Okuyama。果穗圆锥形,平均穗重 500～520 g,穗长 17～21 cm、宽 15～18 cm,最大穗重 910 g。果穗大小整齐,果粒着生紧密。果粒椭圆形,淡红色或鲜红色,粒重 7.5～8 g,纵径 2.3～3.0 cm,横径 1.8～2.4 cm,最大粒重 11 g。果粉厚。果皮薄而韧,半透明,白里透红,无涩味。果肉脆,无肉囊,汁多,绿黄色,味鲜、甜。每果粒含种子 2～3 粒。种子与果肉易分离。可溶性固形物含量为 18%～20.5%。鲜食品质佳。萌芽率 75%～83.7%,结果枝率 63.4%～80%。在浙江海宁地区,3月下旬萌芽,5月上旬开花,9月上旬浆果成熟。在江苏张家港地区,4月4—14日萌芽,5月20—30日开花,8月25日至9月5日浆果成熟。嫩梢梢尖闭合黄绿色,有条纹,不光滑,无茸毛,有光泽。幼叶绿色,上、下表面均有光泽。成龄叶大,肾形,叶片5裂,上裂刻极深,基部闭合裂缝形;下裂刻稍浅,基部三角形或裂缝形。叶柄洼宽拱形,基部三角形。锯齿圆顶形,稍尖,顶部稍带金黄色。新梢自然弯曲。新梢节间背侧绿色至青红色。一年生成熟枝红褐色。两性花。二倍体。花序第1花序位置5节以上(图1-287至图1-289)。

图 1-287　红萝莎里奥嫩梢　　图 1-288　红萝莎里奥叶片　　图 1-289　红萝莎里奥果

栽培要点:该品种自然坐果过多,需通过花序上留1叶摘心或花前

10～15 d 喷花序 5 mg/L 的赤霉素拉长花序，并在花蕾分离期整穗、疏花蕾、花后第 2 次摘心，减少疏果工作量。花期控制温度，低于 20℃高于 30℃易产生单性果增加疏果工作量。控制产量，减少白腐病、枝干溃疡病的发生，转色前 10 d 主干环剥或环割、摘除果穗上方挡光的老叶，地面铺双色反光膜，促进果穗着色。适宜浙江及类似生态区设施栽培，海拔 500 m 以上的高山地区栽培品质更佳，尤其是外观特美。

6. 摩尔多瓦

欧美杂交种，晚熟，生长势中等偏强。摩尔多瓦共和国的 M.S.Juraveli 和 I.P.Gavrilov 杂交选育，亲本为古扎丽卡拉（Guzali Kala）×SV12375。果穗圆锥形，无副穗。果穗长度 14.2～18 cm，果穗宽度 7.7～12 cm，果穗重量 246.8～400 g，果穗紧密度松，全穗果粒成熟不一致，果梗与果粒分离难，果粒椭圆形，果粒平均重量 6.86 g，纵径 2.59 cm，横径 2.08 cm，果粒整齐，果粒横断面近圆，果粒颜色蓝黑色，果皮中厚，韧，无涩味，果粉厚，汁液中多，果汁颜色极浅，果肉颜色极浅，果肉较软，无香味，种子 2 粒，可溶性固形物含量 17.5%，不易裂果，耐贮运。花芽分化和丰产较好，结果母枝第 3 节开始结果枝，结果枝有 3 个花序，萌芽率 85% 左右，结果枝率达 65% 左右。在浙江海宁地区，3 月下旬萌芽，5 月中旬开花，9 月中旬浆果成熟。鲜食。嫩梢形态半开张，黄绿色，无花青素着色弱，茸毛中。幼叶绿色，上表面颜色紫红，着色浅红，叶背和叶面均具有密生茸毛。成龄叶中等大，近圆形，绿色，叶面平展，叶缘上卷，锯齿形状双侧凸，全缘或浅 3 裂，上裂刻浅开张，下裂刻开张，叶柄洼闭合呈椭圆形，叶脉茸毛疏，叶间无茸毛，无叶脉花青素。新梢生长半直立，节间背侧颜色绿具红条纹。两性花，花序第 1 花序位置 3～4节（图 1-290 至图 1-292）。

栽培要点：初花期和盛花期喷施一遍花果元素，促进坐果，在大果粒如花生米大，小果粒如黄豆大时，用果实膨大剂 1 g 兑水 10 kg，见花第 8 d 花序浸渍或微喷。当新梢出现花穗后，强壮枝留 1 穗（特别壮旺时可留 2 穗），中庸结果枝留 1 穗，弱枝不留穗，基部新梢作营养枝培养，及时疏去其花穗。保留的花穗数可比最终的留穗数多 20%。始花前 5～7 d，疏去副穗和主穗基部柄长的枝轴 1～3 个。始花时除去穗长的 1/4～1/3，留下 14～18 个枝轴。花后 5～7 d 疏果。一般每 667 m² 最终留果穗 3 000～3 500 穗，先疏去挂果稀疏的果穗和病果穗，再根据产量指标，疏去过多的果穗。然后进行疏粒，一般每穗留果 50～70 粒。将果顶朝里、圆形柄细、畸形、有病、有伤、过密及小果粒疏去。采用宝塔式疏果法，分层疏果粒，留下分布均匀、椭圆形、大小一致的大果粒，最后套袋。

图 1-290　摩尔多瓦嫩梢　　图 1-291　摩尔多瓦叶片　　图 1-292　摩尔多瓦果

7. 红地球

欧亚种，晚熟，生长势强，引自美国。亲本为 C12-80×S45-48。果穗分枝形，无岐肩，无副穗。平均穗重 948.2 g，穗长 19.5 cm，穗宽 15.5 cm。果穗紧密度中等，全穗果粒成熟一致，果梗与果粒分离极难，平均粒重 13.9 g，纵径 3.24 cm，横径 2.72 cm，果粒近圆形，果粒整齐，果粒横断面近圆，果粒颜色粉红至紫红色，果皮中厚，果粉中厚，种子 2 粒，无涩味，果汁颜色极浅，果肉颜色极浅，汁液较多，无香味，质地较脆，浙江及同类生态区可溶性固形物 13%～16.7%，可滴定酸含量 0.28%。小气候及控产的达到 17%。萌芽率 97.7%，结果枝率达 62.8%。在浙江海盐地区促早栽培，1 月下旬封棚，3 月上中旬萌芽，8 月中旬开始成熟。鲜食。嫩梢梢尖半开张，绿色稍带紫红色。幼叶上表面颜色黄色，着色浅红，正面有光泽，背面无茸毛。新梢姿态直立，节间背侧颜色绿具浅红色条纹，生长势强。成龄叶中等大，心脏形、绿色，较薄，叶面平展度具皱褶，锯齿形状双侧凸，裂片数 5 裂，裂刻中等深。上裂刻闭合、呈"V"形，上裂刻开张，叶柄洼基部形状呈窄拱形，无叶背茸毛，无叶脉花青素。一年生枝浅黄褐色，花序第 1 花序位置 4～5 节（图 1-293 至图 1-295）。

图 1-293　红地球嫩梢　　图 1-294　红地球叶片　　图 1-295　红地球果

栽培注意：结果母枝按"5-4-3"摘心培养。浙江及同类生态区适宜"V"形水平架、飞鸟形架，先密后稀，每 667 m² 栽 180～260 株，间伐后每 667 m² 留永久株 50～60 株。北方下架埋土地区，宜采用倾斜式水平架，行距不少于 4 m，每 667 m² 栽 300 多株。北方不下架埋土地区宜采用"V"形水平架。在浙江适宜长梢修剪。为减少疏果工作量，当结果枝第 1 花序上能分辨出 2 叶时留 1 叶摘心，自然拉长花序；第二次摘心在来满开花后摘心。果实膨大一般在花后 22 d 用奇宝（20% 赤霉酸）45 mg/L 浸果穗 3～5 s。注意防治气灼和日灼。大多数炭疽病发生原因是吸果夜蛾为害后造成，所以成熟前用糖醋药液诱杀。

8. 濑户

欧亚种，晚熟，生长势极强。引自日本。亲本为 Gousal × Neo Muscat。果穗圆柱形，无副穗，果穗大，平均穗重 625 g，穗长 24.5～28.0 cm，穗宽 13.5～18 cm，果粒着生中等，果穗大小整齐。果粒椭圆形，黄绿色，着色一致，成熟一致。平均单粒重 7.2 g，纵径 2.18 cm，横径 2.33 cm。果皮薄而脆，无涩味，果粉中等厚。果肉厚，果汁中等，绿黄色，味甜。种子 1～4 粒，种子与果肉易分离，有小青粒，可溶性固形物 16.6%。萌芽率 92.5%，结果枝率 87.5%。在浙江海宁大棚促成栽培，3 月中旬萌芽，5 月上中旬开花，8 月中旬成熟。嫩梢梢尖开张，绿黄色，有茸毛，无光泽。幼叶黄绿色，上表面有光泽，下表面沿叶脉有少量茸毛。成龄叶大，近圆形。叶片下表面沿叶脉有刺状茸毛。叶片 2～4 裂，上裂刻浅，基部三角形；下裂刻浅或无，基部成三角形。锯齿圆顶形，叶柄洼闭合裂缝形，叶柄洼基部三角形。新梢节间背侧黄绿色，腹色紫红色，一年生成熟枝黄褐色（图1-296至图1-298）。抗病力差，适宜设施栽培。参考夏音马司卡特的栽培管理。

图1-296　濑户叶片　　　图1-297　濑户嫩梢　　　图1-298　濑户果

9. 美人指

欧亚种，晚熟偏中，生长势强。引自日本。亲本为优尼坤×巴拉蒂。果穗圆锥形，无岐肩，有副穗，平均穗重750 g，最大穗重1 250 g，果穗紧密度紧，全穗果粒成熟一致，果梗与果粒分离易。果粒弯形，粒重10 g左右，纵径4～4.5 cm，横径1.9～2.0 cm，果粒整齐，果粒横断面近圆，果粒先端颜色鲜红、光亮，基部稍淡，恰如染上红指甲的美女手指。果皮薄有韧性，果皮无涩味，果粉中等厚，果肉脆可切片，果肉颜色浅，果味甘甜多汁，可溶性固形物16%～18%。有种子1～4粒，萌芽率73.7%，结果枝率达42.9%。在浙江海宁地区促成栽培，3月中旬萌芽，5月上中旬开花，8月下旬至9月上旬浆果成熟。在浙江玉环双天膜促早栽培，2月下旬萌芽，4月中下旬开花，7月中下旬成熟。北京通州露地栽培，4月上旬萌芽，5月下旬开花，9月中下旬成熟。鲜食。嫩梢梢尖闭合，黄绿色，阳面紫红色，无茸毛。幼叶光亮，上表面颜色绿色，无茸毛。成龄叶中等大，近圆形或心脏形，绿色，叶面平展度叶缘上卷，锯齿形状双侧凸，裂片数5裂，裂刻深，上裂刻呈"V"形，叶柄洼基部形状宽拱形，无叶背茸毛，无叶脉花青素。新梢姿态半直立，节间背侧颜色绿具红色条纹。两性花，花序第1花序位置5节，每一结果枝花序数多数为1个，在浙江结果枝着生位置与第一次摘心有关，花序上留1叶摘心的次年结果枝位于结果母枝的第2节，2～4节结果枝占21%，5～8节占50%；而对照见花期10叶摘心的次年结果枝位于结果母枝的第5节，4节以下无花序，5～8节占28.8%，9～11节占49.7%。一年生成熟枝褐灰色，枝条成熟比一般品种迟30～40 d。抗逆性较差，不耐涝，台风强降雨后淹没24 h，株死亡率达98%；易日灼与气灼，出梅后连续高温7 d，穗日灼率达80%；对硼肥敏感，叶面使用500倍还出现肥害（图1-299至图1-300）。设施栽培易感染白腐病和白粉病。

栽培要点："V"形水平架，"一"字形，水平棚架"H"形，稀植，株距4～16 m。苗采用巨峰砧、贝达砧嫁接，但产量要控制，一般每667m²产量为1 250～1 500 kg。南方不适合用自根苗。促进花芽分化：花序上留1叶摘心和9月中旬喷植物生长抑制剂矮壮素或助壮素促进花芽分化。花后摘心或疏花蕾减少疏果工作量增大果粒，留果60（穗重500 g左右）～90（穗重750 g左右）粒。果粒硬核期环剥主干促进着色提早成熟10 d左右。冬季修剪短梢（3芽）：中梢（7～8芽）：长梢（9～13芽）比例为2:5:3。剪口粗8 mm。施肥原则是控氮增钾，中等土壤肥力（有机质含量1%～1.5%）和控产在1 500 kg/667m²以内的，每667m²用肥量参考值为：氮20～25 kg/667m²，五氧化二磷20～25 kg/667m²，氧化钾30～40 kg/667m²。防治裂果的方法参照新雅。浙江及同类生态区适合设施栽培，台风多发地适宜双天膜促早栽培。

图1-299　美人指叶片　　　　　　图1-300　美人指果

10. 红三尺

欧亚种，晚熟，生长势中等。引自日本，亲本为三尺×Flame Tokay，果穗圆锥形，无副穗。整穗后，果穗重量381.1 g，果穗长度16.2 cm，宽度11.3 cm，自然穗长可达90 cm，果穗紧密度中等，全穗果粒成熟较一致，果梗与果粒分离难，果粒椭圆形，果粒整齐，果粒横断面近圆，果粒颜色紫红色，果粉薄，果粒平均重量4.53 g，纵径2.27 cm，横径1.86 cm，有种子，果皮厚，韧，有涩味，果汁颜色极浅，果肉颜色极浅，汁液少，质地软，可溶性固形物含量16.2%，不易裂果，不耐贮运。花芽分化和丰产、稳产性均好，从基部第2～4节开始发出新梢，均有1～2个花序，萌芽率68.63%～70.37%，结果枝率达34.29%～31.58%。在浙江海宁地区，3月下旬萌芽，5月下旬开花，9月中旬浆果成熟。鲜食。嫩梢形态半开张，花青素着色弱，茸毛疏。幼叶上表面颜色黄绿色，无着色，无茸毛。成龄叶中等大，心脏形，绿色，叶面具褶皱，叶缘下卷，锯齿形状双侧凸，上裂刻中等深、重叠，下裂刻中等深、重叠，叶柄洼基部形状呈窄拱形，叶脉茸毛密，叶间茸毛疏，无叶脉花青素。新梢生长半直立，节间背腹侧颜色均为绿。两性花，花序第1花序位置5节以上（图1-301至图1-303）。花序大长，适合于观光游。栽培要点同黑三尺。

图1-301 红三尺嫩梢背面（左）和正面（右）

图 1-302　红三尺果　　　图 1-303　红三尺叶片

11. 新美人指

欧亚种，晚熟，生长势弱，引自日本，亲本不详。果穗圆锥形，无岐肩，有副穗，平均果穗重量 252.6 g，果穗长度 18.1 cm，宽度 10.1 cm，穗形紧凑，全穗果粒成熟不一致，果梗与果粒分离难，果粒弯形且果顶尖，果粒整齐，果粒横断面近圆，果粒紫红色，果粉中等厚，果粒平均重量 4.9 g，纵径 3.5 cm，横径 1.5 cm，最大粒重 7.4 g，可溶性固形物 18.5%～22.7%，可滴定酸含量 0.35%。种子 1～3 粒，果皮薄，稍有涩味，果汁颜色浅，果肉颜色浅，汁液较多，质地较脆，萌芽率 97.6%，结果枝率达 73.2%。在浙江海宁地区促成栽培，3 月下旬萌芽，4 月下旬开花，8 月中旬浆果成熟。在河北保定地区，4 月初萌芽，5 月中旬开花，9 月中下旬浆果成熟。鲜食。嫩梢形态开张，无花青素着色，茸毛密。幼叶上表面颜色黄色，着色浅红，茸毛中等。新梢姿态半直立，节间背侧颜色绿具红色条纹。成熟叶片叶型单叶，肾形，绿色，叶面平展，锯齿形状双侧凸，裂片数 3 裂，上裂刻开张、呈"U"形，叶柄洼基部形状呈宽拱形，无叶背茸毛，无叶脉花青素。两性花，花序第 1 花序位置 3～4 节（图 1-304 至图 1-305）。栽培中注意花后摘心或疏花蕾减少疏果工作量，增大果粒。果粒开始着色前近 10 d 环割或环剥主干促进着色。

图 1-304　新美人指嫩梢　　图 1-305　新美人指叶片（左）和果（右）

12. 甜太郎

欧亚种，晚熟。生长势中偏旺。桃太郎实生播种获得优株，果穗圆锥形，无副穗。自然果穗重量 338.7 g，果穗长度 15.2 cm，果穗宽度 9.7 cm，最大穗重 630 g，果穗紧密度中等，全穗果粒成熟较一致，果梗与果粒分离难，果粒倒卵形，果粒整齐，果粒横断面近圆，果粒颜色黄绿色，果粉中，果粒平均重量 12.97 g，纵径 3.45 cm，横径 3.03 cm，果皮薄而脆，较脆，稍有涩味，果汁颜色极浅，果肉颜色极浅，汁液中等多，有玫瑰香味，质地较软，可溶性固形物含量 14.9%～18%，不易裂果，不耐贮运。有种子但易无核化处理，赤霉酸处理后倒卵形，单粒重 13.5 g，最大粒重 16 g，纵径 3.31 cm，横径 2.65 cm。粒蒂部有 3 条放射状凹印明显，黄绿色，着色一致，成熟一致。从基部第 1～2 节开始发出新梢均有 1～2 个花序，萌芽率 76.47%，结果枝率达 73.08%。在浙江海宁地区，3 月下旬萌芽，5 月上旬开花，8 月中下旬浆果成熟。嫩梢梢尖闭合，花青素着色弱，茸毛密。幼叶上表面颜色黄绿带红褐色晕，有光泽，茸毛疏，下表面沿叶脉有密生的刺状茸毛（比桃太郎密）。成龄叶大，心脏形，深绿色，叶面较平展，上表面近叶柄叶脉玫红色，下表面沿叶脉有刺状茸毛，锯齿形状双侧凸，叶片 5 裂，上裂刻深、重叠，下裂刻极浅、开张，叶柄洼基部形状呈窄拱形，叶脉直立茸毛较密，叶间疏，叶脉花青素中。新梢生长半直立，节间背侧颜色绿具红条纹，腹侧绿。两性花，花序第 1 花序位置 3～4 节（图 1-306 至图 1-309）。

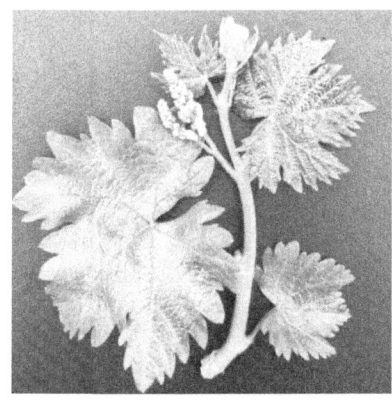

图 1-306 甜太郎嫩梢

1-307 甜太郎叶片

图1-308 甜太郎（无核化）

图1-309 甜太郎自然果

13. 富士之辉

欧亚种，晚熟，生长势强。引自日本，母本阳光玫瑰与父本温克杂交育成。果柱圆柱形。果穗紧密度紧，无核处理果穗重500～750 g，全穗果粒成熟一致，果梗与果粒分离难，果粒圆柱形，果粒整齐，果粒横断面近圆，无核处理果粒平均重量9.6 g，果粒颜色紫色，果粉厚，果皮厚，易剥皮、韧，有光泽，无涩味，淡玫瑰香味，果汁颜色无，果肉颜色无，汁液中多，质地脆，可溶性固形物含量23.2%。鲜食。不易裂果，耐贮运。花芽分化好，萌芽率100%，结果枝95%。嫩梢形态开张，花青素着色弱，茸毛密。幼叶黄绿色，无光泽粗糙，下表面茸毛极密。在日本三梨，4月下旬萌芽，5月下旬开花，9月上旬至下旬浆果成熟。叶大，心脏形，绿色，锯齿一凹一凸，5裂，上裂刻深开张"U"形，下裂刻浅开张"V"形，叶背葡萄茸毛密。基部窄拱形。新梢生长半直立，节间背侧颜色呈红色。第1花序着生于结果枝的第3～5节。冬季短梢修剪，第一结果枝位于结果母枝的第3～5节（图1-310至图1-313）。以上是作者2019年赴日本考察调查的数据。

图 1-310　富士之辉叶片背面　　图 1-311　富士之辉叶片正面

图 1-312　富士之辉嫩梢　　　　图 1-313　富士之辉果

四、晚熟有籽有香

1. 醉人香

欧美杂种，中晚熟，生长势强。甘肃省农业科学院果树所育成，由巨峰 × 卡氏玫瑰杂交而成。果穗圆锥形，穗重 300～400 g，果粒着生中等紧密。果粒卵圆形，粒重 8～10.9 g。果皮中厚，易剥离，在浙江海宁果皮黄绿色泛淡玫瑰红，在兰州果皮为紫红色，肉软，肉囊黄绿色，多汁，浓甜爽口，可溶性固形物 16.7%～18.2%，具有浓郁草莓香味。种子 1～3 粒。萌芽率 75.5%，结果枝率 65.6%。浙江海宁设施栽培条件下（3月初盖膜），3月下旬萌芽，4月中下旬开花，促成栽培的 8月中旬浆果成熟，中晚熟。在兰州地区 4月 18日左右萌芽，4月 25日左右展叶，5月 25日左右开花，8月 25日左右成熟，比藤稔迟成熟 10 d 左右。10月中旬落叶，在兰州埋土期为 11月中旬。嫩梢灰绿色，披中等密度的灰白色茸毛。幼叶绿黄色，叶背有茸毛；成龄叶大，近圆形，深绿色，浅 5 裂，上刻浅重叠或开张呈"V"形，下裂刻浅开张呈"V"形，锯齿二侧直或一侧凸一侧凹，叶面有网状皱纹，叶背主脉明显棱起，沿叶脉两侧披中等密度的灰白色茸毛；叶柄洼开张，呈拱形，叶柄紫红色，有纵向紫红色条纹。新梢半直立，两性花，第一结果枝位于结果母枝基部的第 2 节上。第 1 花序位于结果枝的第 3、4 节上。南方采用避雨设施栽培，管理参考红富士葡萄，控梢保果或无核化处理。病虫害重点防治灰霉病、白粉病、霜霉病和卷叶、扇叶病毒病，虫害主要防治金龟子、短须螨、斑衣蜡蝉。北方地区栽培，应进行疏花疏果，控制产量（图 1-314 至图 1-317）。

图 1-314 醉人香叶片　　图 1-315 醉人香嫩梢

图 1-316 醉人香果（甘肃兰州）　　图 1-317 醉人香果（浙江海宁）

2. 金之星

欧亚种，晚熟，生长势强。金华优喜葡萄专业合作社等单位育成。亲本为阳光玫瑰与新郁。嫩梢形态开张，茸毛疏。幼叶浅红褐色，背面茸毛疏。果穗圆锥形，穗形大，单穗重750～1 000 g，最大穗重4 200 g，自然果穗中等紧密，果粒成熟一致，果梗与果粒难分离，大果，粒重12.1～15 g，无核化栽培粒重20.2～26.8 g，果粒椭圆形，果皮颜色粉红至紫红色，皮薄，无涩味可带皮食用，果粉少，果肉脆肉，可溶性固形物20.1%～21.0%，种子1～2粒，蜜香味。成熟叶片近五角形，绿色，叶面皱褶，锯齿大，双侧直，5裂，上裂刻重叠，下裂刻开张；叶柄颜色红，叶柄洼基部形状呈窄拱形或重叠闭合，叶脉着花青素颜色深，叶背叶脉上密生直立茸毛。新梢姿态半直立，节间背侧颜色绿具红色条纹。两性花，第1花序着生位置第3～5节。萌芽率87.3%，结果枝率达64.8%，每果枝着生果穗数平均0.97个，易着生二次果。在浙江金华地区，3月初萌芽，5月初开花，8月下旬成熟。从萌芽到浆果成熟需160～170 d。属晚熟品种。田间病害主要为灰霉病、白腐病、白粉病等，综合抗病能力与阳光玫瑰相当，较强于新郁。

栽培要点：定植畦土层厚度40～60 cm。架形选择"H"形平棚架，株行距4 m×5 m，33株/667 m²。新梢间距18 cm，结果枝留约2 600个/667 m²。花前2 d至信使花开期间整花序，留穗尖或穗肩5 cm，盛花末期无核化处理，过10～12 d进行第二次膨大，5～7 d后疏果，每穗留果约50粒，定穗数量和定轴长。5月下旬套袋，采收前2～3周拆袋促进果实上色（图1-318至图1-319）。

图1-318 金之星叶片

图1-319 金之星嫩梢（左）和果（无核化）（右）

3. 信浓乐

欧美杂交种，晚熟，生长势强。引自日本。为高墨实生选育。果穗圆柱形，有岐肩，平均穗重620.8 g，果穗长度17.3 cm，宽度11.9 cm，着粒较松，较耐贮运。果粒近圆形，果皮黄绿色带粉红色（浙江基本不上色），自然粒重13～14 g，无核处理粒重9.7 g，纵径2.7 cm，横径2.5 cm，可溶性固形物17.7%，果皮厚，果粉厚，汁中多，果粒硬脆、爽口，味甜，有草莓香味，口感好，种子2粒，有裂果。萌芽率80%～100%，结果枝率60%～95%。第一结果枝位于结果母枝的第1节。在浙江海宁地区，3月下旬萌芽，4月下旬开花，9月上中旬浆果成熟。嫩梢底色绿，无附加色，茸毛中多。成龄叶片较大、厚，心脏形，浅5裂，上裂刻闭合，下裂刻开张且更浅。叶正面光滑、色深，叶反面密披茸毛，叶缘锯齿大而锐，叶柄洼基部开张呈拱形。花序第1花序位置第3～4节。赵宝龙等报道在新疆焉耆盆地4月中下旬开始萌芽，5月下旬开花，9月中下旬成熟，南疆阿克苏地区物候期提前半月左右，石河子地区物候期推迟4～5 d。花芽分化好，属特大叶形，基部叶片生长正常，不易提前黄化，枝蔓较粗，转色、成熟正常（图1-320至图1-322）。易染灰霉病、穗轴褐枯病和炭疽病，落花落果严重。

图1-320　信浓乐叶片

图1-321　信浓乐嫩梢

图1-322　信浓乐果

栽培要点：适宜稀植或限根栽培有利于缓和树势促进坐果；南方雨水多的地区（每667 m² 栽20～90株），信浓乐的树形以"一"字形和"X"形为主，冬季修剪以6～7个冬芽中长梢修剪为主，花前2 d至始花期用500～800 mg/L的助壮素喷梢尖控梢保果；或见花至开始谢花期对主干进行环剥。在浙江无核化处理果穗美、粒大，具体参考巨峰无核化处理。北方独龙干或双龙干整形，短梢修剪。花序管理：需整形，掐穗尖、除副穗，留中间7 cm长，花谢后抖摇每个果穗，使受精不良的果粒早日脱落，节省养分，同时将果穗全部顺到架面下呈下垂状，使其自然生长。江南黄梅时节前后遭遇干旱天气及时使用滴灌，一般隔天早晚各喷1～2 h，促使果实充分自然膨大和减少裂果等。

4. 红富士

欧美杂交种，晚熟，生长势强，引自日本，亲本为金玫瑰×黑潮。果穗圆锥形，单岐肩，无副穗，穗重500.6 g，果穗长度19 cm，宽度11.2 cm。果粒着生紧，密度松至中等，全穗果粒成熟不一致，果梗与果粒分离极易，果粒倒卵圆形，粒重8 g，粒纵径2.8 cm，粒横径2.25 cm，果粒整齐，果粒横断面近圆，果粒颜色浙江绿色中带粉红色，果皮厚，果粉中厚，汁液多，果汁颜色极浅，果肉颜色极浅，质地软，浓郁草莓香，品质优，有种子2粒，可溶性固形物18%～20%，可滴定酸含量0.55%。鲜食。萌芽率80%～93.9%，结果枝率达60%～100%。在浙江海宁地区促成栽培，3月下旬萌芽，5月上旬开花，8月下旬至9月上旬浆果成熟，嫩梢形态半开张，绿色，茸毛极密。幼叶上表面颜色黄色，边缘带粉红色，茸毛极密。成龄叶大，心脏形或近圆形，绿色，叶正面平展度具皱褶，叶反面毡毛。裂片数5裂，上裂刻呈"V"形，下裂刻呈"V"形，锯齿形状双侧直，叶柄洼基部形状呈矢形，叶背茸毛毡毛、叶正面丝毛，无叶脉花青素。新梢姿态直立。两性花，花序第1花序位置3～4节。适宜稀植，有利于缓和树势促进坐果，浙江永康陈红星等人采用紫光膜替代普通膜盖棚或地面铺反光膜，果粒开始着色时主干环剥（宽度为直径的1/10～1/5）促进着色，整穗加无核处理（参考巨峰无核化处理的方法）果穗有利于运输（图1-323至图1-326）。注意防治灰霉病和水罐子病。

图1-323 红富士叶片

图1-324 红富士嫩梢

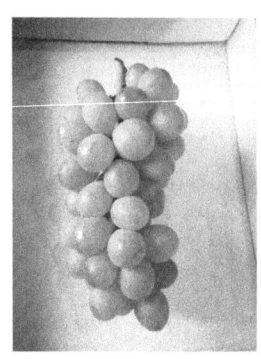 

图 1-325 红富士果　　图 1-326 红富士果（永康）

5. 状元红

欧美杂种，中熟，生长势极强。辽宁省农业科学研究院育成，亲本为巨峰×玫香怡。果穗圆柱形，无岐肩，无副穗，平均穗重 689.2 g，果穗长度 23.8 cm，果穗宽度 10.7 cm，果穗紧密度紧，全穗果粒成熟不一致，果梗与果粒分离较难，果粒倒卵形，果粒整齐，果粒横断面近圆，浙江果皮为粉红色、辽宁为紫红色，果粉薄，果粒平均重量 9.5 g，纵径 2.6 cm，横径 2.5 cm，果皮中等厚，稍有涩味，果粉少，汁液多，质地软，果汁颜色极浅，果肉颜色极浅，具有玫瑰香味，有种子，可溶性固形物 16.1%～18%，无核处理果粒重 7.6 g，纵径 2.2 cm，横径 2.4 cm，易落粒，熟期供水不匀易裂果，萌芽率 74.3%，结果枝率达 96.2%。第一结果枝位于结果母枝基部的第 2、3 节上。在浙江海宁地区，3 月下旬萌芽，5 月上旬开花，无核化栽培 7 月下旬至 8 月上旬浆果成熟。在沈阳市，5 月初萌芽，6 月上旬开花，9 月中旬浆果完熟。成龄叶大，心脏形，绿色，叶正面平展度叶缘上卷，叶反面刺中密，锯齿形状双侧凸，裂片数 3～5 裂，裂刻浅，叶柄洼基部形状宽拱形，无叶脉花青素。嫩梢形态开张，无花青素着色，茸毛极密。幼叶上表面颜色绿色，着色浅红，茸毛极密。新梢姿态直立，节间背侧颜色绿具红色条纹，两性花，花序第 1 花序位置 3～4 节。早果性、丰产性和稳产性好。在南方栽培适宜稀植，适宜短梢修剪；穗需整形留穗尖 7 cm，100% 开花后 2 d 内无核处理，隔 10～15 d 膨大处理（图 1-327 至图 1-329）。促进着色参照早甜。在北方该品种坐果率太高易造成裂果，因此结果枝可推迟到开花末再进行摘心。少施氮肥，增施磷钾肥。

防治灰霉病、霜霉病、白腐病等病虫害。适宜于无霜期145 d以上地区种植。

图 1-327　状元红叶片

图 1-328　状元红嫩梢

图 1-329　状元红果

6. 翠峰

欧美种，中偏晚熟，生长势旺。引自日本，亲本为先锋 × 森田尼。果穗圆锥形或圆柱形，穗重470～650 g，穗长16～20 cm，穗宽12.1～17 cm，无核处理大穗栽培后穗重达1 000 g左右。果粒着生中等紧密。果粒长椭圆形，自然平均粒重11.7 g，处理后平均粒重17 g左右，果皮黄绿色或黄白色，皮薄而脆，果粉中等厚，汁中多，果肉硬脆，甜，口感好，可溶性固形物17%左右，可滴定酸含量0.55%，种子1～2粒，不易裂果，较耐贮运。萌芽率80%左右，结果枝率60%左右。在浙江海宁大棚设施栽培条件下，萌芽期为3月中下旬，5月中旬开花，8月中下旬果实成熟。嫩梢梢尖闭合，黄绿色，节处稍带紫色，无茸毛无光泽。幼叶绿色，带橙黄色晕，有光泽，叶缘下卷，上表面网状皱，下表面沿叶脉有刺毛。成龄叶片中等大，近圆形，叶脉上有少量茸毛。叶片5裂，上下裂刻均较深，多闭合，裂刻基部扁平或圆形。叶片先端锯齿大，多圆顶形；边缘锯齿三角形。叶柄洼多为开张宽拱形，基部直线形。新梢生长直立，节间背侧黄绿色腹侧青红色。一年生成熟枝红褐色，两性花。该品种抗寒性比巨峰稍差，抗病性较弱，易感染花序灰霉病和果穗白腐病，果实易日灼和产生果锈，宜设施栽培。无核化栽培：种苗需采用长势旺的砧木嫁接，如SO4、贝达或华佳8号；整穗、疏花参考醉金香；第1次在盛花至盛花末用12.5 mg/L的赤霉素浸花穗无核处理；第2次在花后10～15 d用25 mg/L的赤霉素再浸果穗1次，或处理时可加入1～2 mg/L的吡效隆，保果和增大果粒（图 1-330 至图 1-332）。

图 1-330　翠峰嫩梢　　　图 1-331　翠峰叶片　　　图 1-332　翠峰果

7. 阳光玫瑰

欧美杂种，晚熟，长势旺。引自日本，是由日本果树实验场安芸津葡萄、柿研究部以安芸津 21 号（Steuben × Muscat of Alexandria）× 白南（Katta Kourgan × 甲斐路）杂交育成。果穗圆锥形，穗重 400～1 000 g。果粒大，椭圆形，自然平均粒重 10.7 g，纵径 3.08 cm，横径 2.41 cm；保果及膨大二次处理果粒重达 12～20 g。果皮厚，黄绿色或黄白色，果粉少，幼果到成熟果粒都发亮。果肉硬，有复合型香型（浓玫瑰香加清香），可溶性固形物含量 20%～24.7%。去皮难，酸味少，无涩味，果实品质佳。梢头和幼叶都有较多的白色茸毛，嫩梢前端成浅红色，成熟的树梢呈黄褐色，叶片对药物比较敏感。叶片大，呈五角形，浅 5 裂，成叶上面颜色为绿色，叶柄长，浅红色（图 1-333 至图 1-334）。在浙江金华地区在 3 月初萌芽，7 月下旬成熟，成熟后在树上挂果可长达 4 个月左右。国家葡萄产业术体系杭州综合试验站用 11 份砧木嫁接的阳光玫瑰为试材，研究砧木对葡萄生长与品质的影响，结果表明，5C、5BB、SO4、抗砧 3 号、Gloire 砧木嫁接阳光玫瑰穗型美观，果面光洁，总糖、果糖含量和固酸比增加，总酸、酒石酸含量和酒石酸/苹果酸比值降低，果实风味和品质提高，综合性状表现较好。Gloire、5C、5BB、抗砧 3 号砧木能够使阳光玫瑰成熟期提早，SO4 砧木能够使阳光玫瑰成熟期延迟。而巨峰、红富士作砧能提早成熟，但不耐高温且易产生果锈。萌芽率 73.3%～88.8%，结果枝率 72%～85.8%。枝条成熟度好。花芽分化较好，果穗抗病性较强，管理费工。

栽培要点：采用叶片无病毒症状枝嫁接育苗；改密植为稀植，株距

图 1-333　阳光玫瑰嫩梢

图 1-334　阳光玫瑰叶片（左）和果（无核化）（右）

1.5 m 改为至 4～16 m，"H"形或"一"字形均可，因叶片大，梢间距增大至 25～30 cm；栽培中花果管理是成功的关键：①整果穗。时间为花前 3～5 d 至始花期，如果穗尖分叉疏除一个，批发果保留穗尖 5～7 cm（穗重 750～1 000 g），精品果留穗尖 3.5～4 cm（穗重 400～600 g）。②无核化。处理时间为穗内 100% 开花后 1～3 d，处理药剂用 12.5～25 mg/kg 的赤霉素 +2 mg/kg CPPU + 200 mg/kg SM，每穗浸 5～15 s。③果穗长度调整。时间为 100% 开花后 7 d，修去肩部过宽，剪去穗尖弯的部分，留穗长 7～10 cm。④膨大。时间离无核处理那天相隔 10～15 d，处理药剂用 25 mg/kg 的赤霉素 +（5～10）mg/kg CPPU（或不加），浸 5 s（不能喷）再抖落药液。⑤疏果。每个支穗只留靠近穗梗的单层果，留果 40～60 粒，使果粒着光均匀，果面发亮。始花期在花序上方留 6 叶摘心，花序对面副梢留 4 叶摘心，用于防日灼。无核、保果处理期间注意气温和土壤湿度，温度过低或土壤水分不足易产生大小果和僵果，处理同时及时灌水。对病毒病症状明显的植株挖除土壤消毒。病虫害主要防治炭疽病，绿盲蝽、粉蚧、吸果夜蛾等。

8. 妮娜皇后

欧美杂交种，晚熟，生长势强。引自日本，亲本为安芸津 20 号 × 安芸皇后。果穗圆锥形，无副穗。自然果穗平均重量 306.9 g，果穗长度 15.8 cm，宽度 10.9 cm，果穗紧密度疏，无核处理果穗重 1 060.6 g，果穗长度 20.5 cm，宽度 10.9 cm，全穗果粒成熟不一致，果梗与果粒分离难（但处理后易），果粒倒卵圆形，果粒整齐，果粒横断面近圆，自然果粒平均重量 8.0 g，纵径 2.93 cm，横径 2.30 cm，有种子；无核处理果果粒平均重量 20.5 g，纵径 3.67 cm，横径 3.10 cm，果粒颜色黄绿色带粉红色晕（云南、为艳粉红色），果粉中等厚，果皮厚（不易剥离）、韧，有涩味，果汁颜色极浅，果肉颜色极浅，汁液多，质地较脆，可溶性固形物含量 16.1% ～ 20%，草莓香，不易裂果，不耐贮运。花芽分化好，从基部第 4 节开始发出新梢均有 1 ～ 2 个花序，萌芽率 75.00%，结果枝率达 57.14%。在浙江海宁地区，3 月下旬萌芽，4 月下旬开花，8 月中下旬浆果成熟。鲜食。嫩梢形态半开张，花青素着色弱，茸毛极密。幼叶上表面颜色黄绿带红色晕，着色浅红，茸毛极密。成熟叶片叶型单叶，心脏形，绿色，叶面具褶皱，叶缘上卷，锯齿形状双侧凸或一侧直一侧凸，5 ～ 7 裂，上裂刻中等深重叠，基部呈"U"形；下裂刻中等深开张，基部呈"V"形，叶柄洼基部形状呈宽拱形，叶脉茸毛密，叶间茸毛较密，叶脉花青素弱。新梢生长半直立，节间背侧颜色绿具红条纹，腹侧具红色条纹。两性花，花序第 1 花序位置 3 ～ 4 节（图 1-335 至图 1-336）。

图 1-335　妮娜皇后嫩梢（左）和果（高海拔区）（右）　　图 1-336　妮娜皇后叶片

栽培要点：该品种自然坐果差，需无核化处理来保果和增大果粒；南方控制产量控制在 1 000 kg/667 m^2，有利于着色和确保优质；具体处理方法参考醉金香。

第六节　特晚熟品种

一、特晚熟无籽无香

1. 克伦森无核

欧亚种，晚熟，生长势强。引自美国，亲本为皇帝×C33-199。果穗圆锥形，有岐肩，自然果穗585.2 g，穗长19.7 cm，穗宽13.6 cm，自然粒重6.3 g，纵径2.6 cm，横径2.0 cm。果粒椭圆形，果皮颜色粉红至亮红色，薄而韧，与果肉难分离，可溶性固形物16%～18%，果肉硬脆，汁少，果皮中等厚，不易剥皮，清香味，无裂果。着生紧密，贮运中有少量落粒。可溶性固形物16%～19%，可滴定酸含量0.6%。萌芽率91.2，结果枝率58.1%。结果枝位于结果母枝2节。在浙江海宁地区避雨栽培，4月初萌芽，5月中旬开花，10月下旬浆果成熟。嫩梢绿色或红褐色，无茸毛。幼叶有光泽，无茸毛。成龄叶片心脏形，正反面均光滑无茸毛。叶片5裂，上裂刻深"V"形，下裂刻浅"V"形。锯齿大多双面凸。叶柄洼闭合呈椭圆或圆形，叶柄长。一年生成熟枝条黄褐色。两性花，第1花序位于第4或5节，大多数为第5节。该品种抗逆性中等（图1-337至图1-338）。

图1-337　克伦森无核嫩梢　　图1-338　克伦森无核叶片（左）和果（催红）（右）

栽培要点：棚架栽培，但需稀植，行距 2.7 ～ 3 m，株距 3 ～ 7 m，以长梢修剪为主；梢间距 20 cm。花前 15 d 左右用 3 ～ 5 mL/kg 赤霉酸喷花序拉长花序，花后 8 ～ 10 d 用 45 mL/kg 赤霉酸喷果穗膨大果粒。长三角栽培上色不易。

2. 秋无核

欧亚种，特晚熟，生长势强。引自美国，亲本为 Calmeria × P64-18。果穗圆锥形，有岐肩，自然果穗 674.2 g，穗长 17.8 cm，穗宽 15.7 cm，自然粒重 6.4 g，纵径 2.9 cm，横径 1.9 cm。果粒椭圆形，果皮绿色，薄而韧，与果肉难分离，果肉硬脆，汁少，果皮中等厚，不易剥皮，清香味。着生紧密，贮运中有少量落粒。无籽，可溶性固形物 15% ～ 17%，可滴定酸含量 0.3%。萌芽率 100%，结果枝率 42.9%。结果枝位于结果母枝的第 4 节。在浙江海宁地区避雨栽培，3 月下旬萌芽，5 月中旬开花，10 月上中旬浆果成熟。嫩梢梢尖半开张，绿色，花青素着色较深，无茸毛。幼叶上表面黄绿泛浅红褐色，无茸毛，上表面浅红褐色，有光泽，无茸毛，下表面黄绿色泛红晕，无茸毛，叶脉花青素着色深。成龄叶片心脏或肾形，正反面极稀疏匍匐毛，叶正面叶脉基部着浅玫红色。叶片 5 裂，上裂刻深呈"U"形，下裂刻浅呈"V"形。锯齿一侧凸一侧凹或两侧直。叶缘稍向上反卷，叶柄洼开张窄拱形或椭圆形，叶柄长带玫红色条纹。一年生成熟枝条灰褐色。两性花，第 1 花序位于第 5 节（图 1-339 至图 1-341）。

栽培要点：棚架栽培，但需稀植，行距 2.7 ～ 3 m，株距 3 ～ 7 m，以长梢修剪为主；梢间距 20 cm。花前 15 d 左右用 3 ～ 5 mL/kg 赤霉酸喷花序拉长花序，花后 8 ～ 10 d 用 45 mL/kg 赤霉酸喷果穗膨大果粒。

图 1-339　秋无核叶片

图 1-340　秋无核嫩梢

图 1-341　秋无核果

二、特晚熟有籽无香

1. 温克

欧亚种，极晚熟，生长势较强。引自日本，亲本为 Kubel Muscat× 甲斐露。果穗圆锥形，双岐肩，无副穗，平均果穗重量 653.8 g，果穗长度 18.5 cm，宽度 15.1 cm，果粒着生中等密，全穗果粒成熟不一致，果梗与果粒分离较难，果粒椭圆形或卵形，果粒整齐，果粒横断面近圆，果皮粉红至紫红色，皮薄无涩味，果粉厚，平均果粒重量 9.2 g，纵径 3.2 cm，横径 2.2 cm，可溶性固形物 18.0%～21%。果汁颜色浅，果肉颜色浅，汁液多，肉质脆，无香味，种子 1～3 粒。萌芽率 100%，结果枝率达 67.6%。第一结果枝位于结果母枝基部的第 4、5 节上。在浙江海宁地区，3 月中旬萌芽，5 月上旬开花，9 月中旬浆果成熟。嫩梢形态开张，淡紫红色，茸毛密。幼叶上表面颜色绿色泛浅红，有光泽，下表面叶脉上有极少量的茸毛。成龄叶中等大，心脏形，绿色，叶面平展度叶缘下卷，锯齿形状双侧直，裂片数 5 裂，上裂刻中等深开张、呈"U"形，下裂刻开张、呈"U"形，叶柄洼矢形基部椭圆形，无叶背茸毛，无叶脉花青素。新梢生长自然弯曲，节间背侧颜色绿具红色条纹，腹侧为绿色（图 1-342 至图 1-344）。一年生枝棕红色。两性花，花序第 1 花序位置 5 节以上。栽培中注意拉长花序；转色期去除挡穗光的叶片，铺反光膜促着色，开始防裂果。

图 1-342　温克叶片

图 1-343 温克果（控产）　　图 1-344 温克嫩梢背面（左）和正面（右）

2. 甲斐乙女

欧亚种，极晚熟，生长势中。引自日本，亲本为 Rubel Muscat × 甲斐路。果穗圆锥形，有副穗，平均果穗重量 656.9 g，果穗长度 17.4 cm，果穗宽度 15.4 m，果粒着生紧密。全穗果粒成熟一致，果梗与果粒不易分离，果粒椭圆形，果粒不整齐，有小青粒。果粒横断面近圆，果粒黄绿色带粉红，果粉厚，果粒平均重量 10.3 g，纵径 3.13 cm，横径 2.47 cm，可溶性固形物 18.2%。种子 0～2 粒，果皮中等厚，果皮无涩味，果汁颜色浅，果肉颜色浅，汁液较多，质地较脆。萌芽率 83.0%，结果枝率达 43.6%。第一结果枝位于结果母枝基部的第 2、4 节上。在浙江海宁地区，3 月中旬萌芽，5 月上旬开花，9 月底浆果成熟。鲜食。嫩梢梢尖半开张，绿色带淡色条纹，无茸毛。幼叶上表面颜色绿色，有光泽，无茸毛。成龄叶中等大，肾形或心脏形，绿色，叶面平展，锯齿形状双侧直，裂片数 5 裂，上下裂刻均浅，叶柄洼基部形状呈宽拱形，无叶背茸毛，无叶脉花青素。新梢姿态半直立，新梢节间背侧黄红至青红色，腹侧青红至青紫色（图 1-345 至图 1-346）。一年生枝红褐色，两性花。花序第 1 花序位置 4～5 节。栽培中注意控制穗形，过大影响品质。防治果锈病。

图 1-345 甲斐乙女嫩梢　　图 1-346 甲斐乙女叶片（左）和果（右）

3. 阳光乙女

欧亚种，晚熟，生长势中等偏强。引自日本，亲本为阳光玫瑰 × 甲斐乙女。果穗圆锥形，无副穗。果穗重量 748.2 g，果穗长度 17.9 cm，宽度 16.6 cm，果穗紧密度紧，全穗果粒成熟较一致，果梗与果粒分离难，果粒椭圆形，果粒整齐，果粒横断面近圆，果粒颜色黄绿色带粉红，果粉中，果粒平均重量 10.75 g，纵径 3.17 cm，横径 2.42 cm，有种子，果皮厚度中，较脆，无涩味，果汁颜色极浅，果肉颜色极浅，汁液多，质地脆，可溶性固形物含量 15.6%，不易裂果，不耐贮运。花芽分化和丰产、稳产性均好，从基部第 2 节开始发出新梢均有 1 个花序，萌芽率 80.95%，结果枝率达 76.47%。在浙江海宁地区，3 月下旬萌芽，5 月中旬开花，9 月下旬浆果成熟。鲜食。嫩梢形态半开张，花青素着色中，茸毛密。幼叶上表面颜色浅红褐色，着色浅红，茸毛密。成熟叶片叶型单叶，心脏形，绿色，叶面具褶皱，锯齿形状双侧凹，5 裂，上裂刻重叠呈"U"形，下裂刻开张呈"V"形，叶柄洼基部闭合，叶脉直立茸毛较密，叶间茸毛疏，无叶脉花青素。新梢生长半直立，节间背侧颜色绿具红条纹。两性花，花序第 1 花序位置 3～4 节（图 1-347 至图 1-349）。

栽培要点：该品种坐果好，提早疏果或开花后摘心。南方控制产量在 1 250 kg/667m^2，有利于着色和确保优质。

图 1-347　阳光乙女幼叶（左）、嫩梢正面（右）

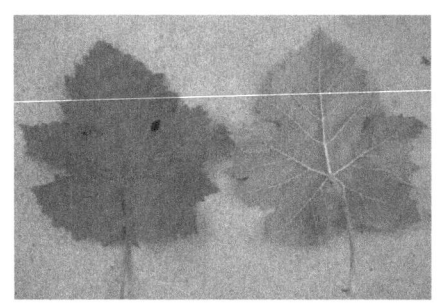

图1-348　阳光乙女叶片　　　　图1-349　阳光乙女果（催红）

4. 秋红

欧亚种，晚熟，树势强，引自美国。亲本为S44-3sc×9-1107。果穗长圆锥形，平均穗重900 g左右，穗长30.5 cm，穗宽24.4 cm。果粒长椭圆形，平均粒重6.8 g，纵径2.7 cm，横径2.1 cm，最大粒重10 g，果粒着生较紧密。果皮紫红色，中等厚，不易剥离，果粉薄。果肉硬脆，能削成薄片，肉质细腻，无香味，味甜，可溶性固形物含量17%～18.6%，含酸量0.5%，种子1～4粒，多数为2～3粒。品质极佳。果穗大而长，果粒着生极牢固，抗拉、抗压，特耐贮运，长途运输也不脱粒。萌芽率76%～90%，结果枝率78%～85%，每结果枝平均有花序1.4个，极丰产。在浙江嘉兴桐乡4月初萌芽，5月上旬开花，9月下旬至10月上旬果实成熟（图1-350、图1-351）。在沈阳地区，5月上旬萌芽，6月上旬开花，10月上旬果实成熟。嫩梢紫红色，

图1-350　秋红叶片　　　　图1-351　秋红果

茸毛稀少。幼叶绿色，有光泽，无茸毛；成龄叶较大，心脏形，平展，无茸毛，5裂，上裂刻较深，下裂刻中等深或浅，主脉分叉处向上凸起，叶正背两面均光滑无毛，叶缘锯齿较尖，叶柄长，紫红色。两性花。一年生成熟枝深褐色，节与节之间呈"之"字形曲折。抗黑痘病、霜霉病、白腐病能力较强，抗日烧病能力较差。果实易着色，成熟一致，不裂果，不脱粒。该品种易感染霜霉和白腐病。控制负载量。扦插苗种植。

第二章　圆叶葡萄

第一节　鲜食

　　GV，圆叶葡萄，生长势中等，晚熟。国外引进。果穗紧密度中等，单穗粒数5～15粒，果穗成熟不一致，果梗与果粒分离易，果粒近圆形，整齐，果皮颜色古铜色，果粉薄，果粒平均重量8.0 g，纵径2.52 cm，横径2.41 cm，果粒横切面形状为圆形，种子充分发育，种子粒数4粒，种子外表无横沟，种脐明显，长度7.5 mm，宽度5 mm，果皮厚、韧，无涩味，果汁颜色和果肉颜色均较浅，风味甜酸，果肉质地软，汁液中等，可溶性固形物含量17.9%，鲜食品质佳。萌芽率87.5%，结果枝率84.7%～93.8%。在浙江海宁小环棚避雨栽培，4月初萌芽，5月中旬开花，9月上旬成熟。嫩梢半直立至近似水平，黄绿色，密生茸毛，梢尖黄绿色；幼叶黄绿色，正面有光泽，正反面均有匍匐状茸毛；成熟叶片近圆形，浓绿色，纵横径10.8 cm×12.3 cm，较小，叶面具皱褶，叶背无茸毛，叶片3裂，叶缘锯齿双侧直，叶柄长10.3 cm，叶柄洼开张"U"形；新梢茸毛少，节间绿色，基部叶绿色，较Carlos叶色浅，反面有光泽，较Carlos亮；一年生枝条灰褐色，密生皮孔，表面有棱角；花序小，一般每花序10～14个支穗，有副穗，花蕾较Carlos大，绿色；第1花序着生于第3或第4节，第2花序相连，第3花序与第2花序相隔约1节，多2穗，两性花，副梢易成花结果。果实近圆形，果皮古铜色至红铜色，有皮孔；果肉软，种子多含2粒。果实成熟期不一致。适宜1～5芽中短梢修剪。注意防治炭疽病与吸果夜蛾（图2-1至图2-3）。

图 2-1 GV 嫩梢

图 2-2 GV 叶片

图 2-3 GV 果

第二节 加工

1. Noble

圆叶葡萄，生长势强，中晚熟。国外引进。果穗紧密度中等，单穗粒数 9~12 粒，果穗成熟较一致，果梗与果粒分离易，果粒呈圆形，整齐，果皮颜色黑色，果粉薄，果粒平均重量 3.1 g，纵径 1.76 cm，横径 1.75 cm，果粒横切面形状为圆形，种子充分发育，种子粒数多含 4 粒，种子外表无横沟，种脐不明显，种子长度 6 mm，宽度 4.5 mm，果皮厚、韧，无涩味，果汁颜色和果肉颜色均较浅，风味酸甜，质地软，汁液中等，可溶性固形物含量 15.4%。萌芽率 87%，结果枝率 86.5%：在浙江海宁小环棚避雨栽培，4 月初萌芽，5 月中旬开花，8 月底成熟。嫩梢开张，黄绿色，密生茸毛，梢尖浅玫瑰红色，弯向下；幼叶叶肉红棕色，叶脉绿色，正面有光泽，正反面均有匍匐状茸毛；成熟叶片心形，绿色，纵横径 9.3 cm×10.7 cm，较小，叶面平展，正面叶脉分叉处稍凸皱，背面叶片叶脉分叉处密生茸毛，全缘，叶缘锯齿双侧凸，叶柄长 9.0 cm，叶柄洼半开张"V"形；新梢半直立，无茸毛，节间背侧浅红色，腹侧绿色；一年生枝条灰褐色，皮孔较密，表面有棱角；花穗小，一般每花序 9~15 个支穗，有副穗；第 1 花序着生于第 3 或第 4 节，第 2 花序相连，第 3 花序与第 2 花序相隔约 1 节，多数 2 穗，两性花。果实近圆形，果皮紫黑色，有皮孔；果肉软，种子多含 4 粒。果实成熟期较一致。适宜 1~5 芽中短梢修剪。早期注意防治绿盲蝽。过熟易落粒，需适时采收（图 2-4 至图 2-6）。

栽培要点:"一"字形或"H"形架飞鸟形叶幕,短梢修剪,始花时结果枝摘心保果。

图 2-4　Noble 嫩梢　　　图 2-5　Noble 叶片　　　图 2-6　Noble 果

2. Carlos

圆叶葡萄,生长势极强,晚熟。国外引进。果穗紧密度中等,单穗粒数 4~8 粒,果穗成熟不一致,果梗与果粒分离易,果粒呈圆形,整齐,果皮颜色古铜色,果粉薄,果粒平均重量 3.7 g,纵径 1.88 cm,横径 1.87 cm,果粒横切面形状为圆形,种子充分发育,种子粒数 4 粒,种子外表无横沟,种脐不明显,长度 8 mm,宽度 5 mm,果皮厚、韧,无涩味,果汁颜色和果肉颜色均较浅,风味酸甜,果肉质地软,汁液中等,可溶性固形物含量 15.2%。萌芽率 87.1%,结果枝率 95.7%。在浙江海宁小环棚避雨栽培,4 月初萌芽,5 月中旬开花,9 月中旬成熟。嫩梢较 GV 直立,黄绿色,密生茸毛,较 GV 更浓密发白,梢尖黄绿色略带浅玫瑰色;幼叶黄绿色,正面有光泽,正反面均有匍匐状茸毛,较 GV 密;成熟叶片心形,深绿色,纵横径 11.8 cm×12.9 cm,较小,叶面平展,叶背无茸毛,叶片全缘,叶缘锯齿双侧直,叶柄长 10.1 cm,叶柄洼基部开张呈宽"V"形;新梢无茸毛,节间绿色,基部叶深绿色;一年生枝条灰褐色,密生皮孔,表面有棱角;花序小,一般每花序 6~11 个支穗,有副穗,花蕾较小,初黄绿色;第 1 花序着生于第 3 或第 4 节,第 2 花序相连,第 3 花序与第 2 花序相隔约 1 节,多 2 穗,两性花。果实近圆形,果皮古铜色,有皮孔;果肉软,种子多含 4 粒。果实成熟期不一致。适宜 3~4 芽中短梢修剪。提早定梢，过密4月下旬易遭粉蚧为害（图2-7至图2-9）。

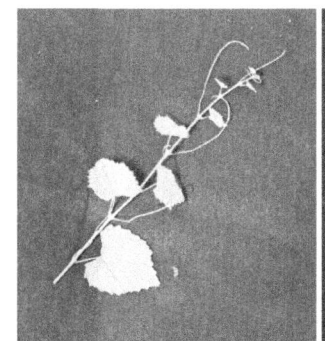  

图2-7　Carlos嫩梢　　　　图2-8　Carlos叶片　　　　图2-9　Carlos果

第三章　葡萄砧木

第一节　自主育成

1. 抗砧 1 号

生长势旺。亲本为河岸 580×SO4。嫩梢闭合，梢尖匍匐茸毛少，花青素着色深，茸毛极疏。幼叶上表面红棕色，背面主脉间匍匐茸毛密度极疏。成熟叶楔形，深绿色，叶背面主脉间匍匐茸毛极疏，锯齿形状两侧直与两侧凸皆有，全缘或 3 裂，上裂刻开张，呈"V"形，叶柄洼基部"U"形，叶脉花青素浅。新梢生长形态半直立，节间背侧红色，叶腹侧绿色带红条。雄花，结果枝第 1 花序位置第 2～4 节，2～3 个花序，一年生成熟枝暗褐色，枝条横切面近圆形（图 3-1 至图 3-2）。抗根瘤蚜能力较低，抗根结线虫，极耐盐碱（0.5% 氯化钠），嫁接亲和性良好。

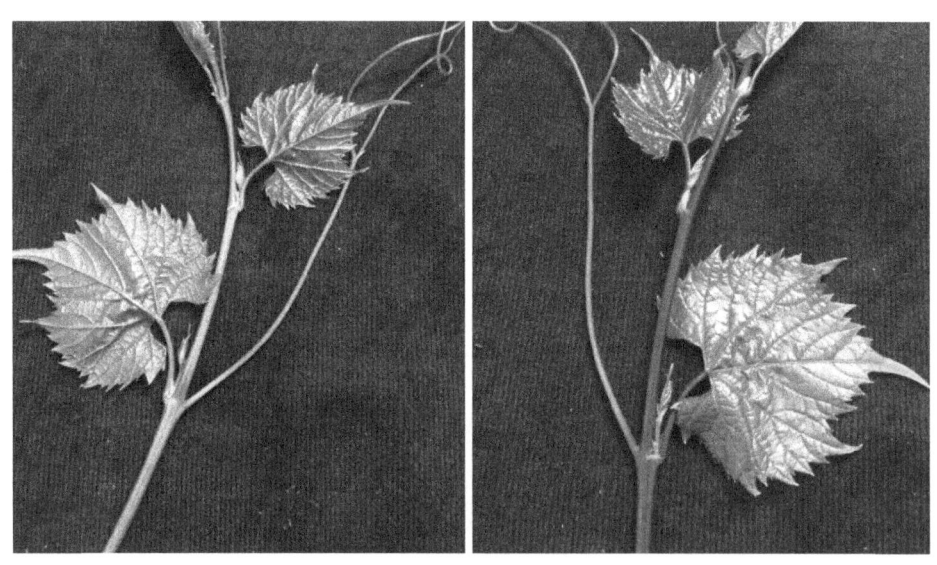

图 3-1　抗砧 1 号嫩梢背面（左）和正面（右）

图 3-2　抗砧 1 号叶片背面（左）和正面（右）

2. 抗砧 6 号

生长势旺。嫩梢开张，梢尖匍匐茸毛多，花青素着色少，茸毛极疏。幼叶上表面黄绿色，背面主脉间匍匐茸毛密。成熟叶楔形，深绿色，叶背面主脉间匍匐茸毛中等密，锯齿形状两侧凸，全缘或 3 裂，上裂刻开张，呈 "V" 形，叶柄洼基部 "U" 形，叶脉花青素浅。新梢生长形态半直立，节间背侧绿色带红条，叶腹侧绿色。两性花，结果枝第 1 花序位置第 2～3 节，1～2 个花序，一年生成熟枝红褐色，枝条横切面近圆形。耐盐碱，嫁接亲和性良好（图 3-3 至图 3-4）。

图 3-3　抗砧 6 号嫩梢背面（左）和正面（右）

图 3-4 抗砧 6 号叶片背面（左）和正面（右）

3. 天工葡砧 1 号

生长势强。浙江省农业科学院园艺研究所育成。亲本为抗砧 6 号 ×Riparia Gloire。嫩梢半开张，梢尖光滑，花青素着色浅，茸毛极疏。幼叶上表面红棕色，上、下表面均密生茸毛，背面主脉间匍匐茸毛密。成熟叶楔形，深绿色，叶背面主脉间匍匐茸毛极密，锯齿一侧凹一侧凸，浅 3 裂，上裂刻开张，呈"V"形，叶柄洼基部"U"形，叶脉花青素极浅。新梢生长形态半直立，节间背侧红色，叶腹侧绿色带红条。两性花，结果枝第 1 花序位置第 3～4 节，1～2 个花序，一年生成熟枝黄褐色，枝条横切面近圆形。耐盐（0.6% 氯化钠），抗湿耐涝。易生根，易繁殖，嫁接亲和性好（图 3-5 至图 3-6）。

图 3-5　天工葡砧 1 号嫩梢背面（左）和正面（右）

图 3-6 天工葡砧 1 号叶背面（左）和正面（右）

4. 天工葡砧 2 号

生长势旺。浙江省农业科学院园艺研究所育成。亲本为 Beaumont × 抗砧 1 号。嫩梢闭合，梢尖光滑，花青素着色浅，茸毛极疏。幼叶上表面黄绿色，背面主脉间匍匐茸毛极密。成熟叶楔形，深绿色，叶背面主脉间匍匐茸毛极密，锯齿双侧凸，浅 3 裂，上裂刻开张，呈 "V" 形，叶柄洼基部 "U" 形，叶脉花青素极浅。新梢生长形态直立，节间背侧红色，叶腹侧浅红色。雄花，结果枝第 1 花序位置第 3~5 节，2~3 个花序，一年生成熟枝黄褐色，枝条横切面近圆形。耐盐（0.5% 氯化钠）。抗湿耐涝。易生根，易繁殖，嫁接亲和性好（图 3-7 至图 3-8）。

图 3-7 天工葡砧 2 号嫩梢背面（左）和正面（右）

图 3-8　天工葡砧 2 号叶背面（左）和正面（右）

5. 华佳 8 号

生长势旺，上海农业科学院育成。嫩梢开张，梢尖匍匐茸毛多，花青素着色少，茸毛极密。幼叶上表面黄绿色，下表面密生茸毛，背面主脉间匍匐茸毛密。成熟叶心脏形，绿色，叶背面主脉间匍匐茸毛疏，锯齿形状两侧直，3 或 5 裂，上裂刻开张，中等深，呈"V"形，叶柄洼基部"U"形，叶脉花青素浅。新梢生长形态半直立，节间背侧绿色带红条，叶腹侧绿色。雌花，结果枝第 1 花序位置第 2～5 节，2～3 个花序，一年生成熟枝黄褐色，枝条横切面近圆形（图 3-9 至图 3-10）。

图 3-9　华佳 8 号嫩梢背面（左）和正面（右）

图3-10 华佳8号叶片背面（左）和正面（右）

第二节 引进砧木

1. 420A

生长势弱。亲本为冬葡萄×河岸葡萄。嫩梢半开张，梢尖匍匐茸毛少，花青素着色浅，茸毛少。幼叶上表面颜色浅黄铜色，有光泽，背面主脉间匍匐茸毛疏。成熟叶中等大，楔形，深绿色，叶面厚，光滑，叶背面主脉间匍匐茸毛少，锯齿形状钝，二侧凸或一侧凸一侧凹，全缘或浅3裂，上裂刻开张，呈"V"形，叶柄洼基部"U"形，叶脉花青素极浅。新梢生长形态半直立，节间背侧紫红色，叶腹侧绿色。雄花，结果枝第1花序位置2～3节，1～2个花序，一年生成熟枝红褐色，有纵条纹，枝条横切面近圆形（图3-11至图3-12）。嫁接该砧木可提早成熟。抗根瘤蚜，对线虫有一定抗性，抗旱力中等，较耐湿。抗石灰性土壤。与欧亚种嫁接亲和力好。喜肥沃土壤。

图 3-11　420A 嫩梢背面（左）和正面（右）

图 3-12　420A 叶片背面（左）和正面（右）

2. 3309C

生长势中庸，但在土层深厚土壤中生长势旺盛。亲本为河岸葡萄 × 沙地葡萄。嫩梢闭合，梢尖光滑，无匍匐茸毛，花青素着色浅，茸毛疏。幼叶上表面颜色红棕色，有光泽，背面主脉间匍匐茸毛疏。成熟叶中等大小，楔形，深绿色，叶面厚，叶背面主脉间匍匐茸毛疏，锯齿形状双侧凸或双侧凹，全缘，上裂刻开张，叶柄洼基部"U"形，叶脉花青素浅。新梢生长形态半直立，节间背侧红色，叶腹侧绿色。雄花，结果枝第 1 花序位置 3～4 节，1～2 个花序，一年生成熟枝颜色黄褐色或红褐色，枝条横切面近圆形（图 3-13 至图 3-14）。抗根瘤蚜、根癌病能力强，耐盐力中等。抗石灰性中等。易嫁接。不耐热，也不适合潮湿、排水不良的土壤。易于生根，易嫁接。

图 3-13　3309C 嫩梢背面（左）和正面（右）

图 3-14　3309C 叶片背面（左）和正面（右）

3. Riparia Gloire

生长势弱。河岸葡萄。嫩梢闭合，梢尖光滑，无匍匐茸毛，花青素着色深，茸毛密度疏。幼叶上表面浅红棕色，背面主脉间匍匐茸毛密度中。成熟叶大，楔形，深绿色，叶背面主脉间匍匐茸毛疏，锯齿形状尖，一侧凸一侧凹，浅 3 裂，上裂刻开张，呈"V"形，叶柄洼基部"V"形，叶脉花青素极浅。新梢生长形态半直立，节间背侧绿色带红条带，叶腹侧绿色。雄花，结果枝第 1 花序位置第 2～3 节，1～2 个花序，一年生成熟枝黄褐色或红褐色，枝条横切面近圆形。接该砧木可提早成熟。极抗根瘤蚜，喜潮湿土壤，对石灰质敏感，易生根，易嫁接（图 3-15 至图 3-16）。

图 3-15 Riparia Gloire 嫩梢背面（左）和正面（右）

图 3-16 Riparia Gloire 叶片背面（左）和正面（右）

4. 225Ru

生长势中偏旺。亲本为冬葡萄×沙地葡萄。嫩梢半开张，梢尖匍匐茸毛密度疏，花青素着色浅，茸毛密度疏。幼叶上表面深黄铜色，背面主脉间匍匐茸毛疏。成熟叶楔形，深绿色，叶背面主脉间匍匐茸毛极疏，锯齿双侧凸或双侧直，3裂，上裂刻开张，呈"V"形，叶柄洼基部闭合椭圆形，叶脉花青素极浅。新梢生长形态半直立，节间背侧绿带红条带，叶腹侧绿色。雄花，结果枝第1花序位置第2～4节，1～2个花序，一年生成熟枝黄褐色，枝条横切面扁椭圆（图3-17至图3-18）。抗根瘤蚜能力强，低抗线虫，耐石灰质土壤，抗旱、耐湿、耐盐性中等，不易生根。

图 3-17　225Ru 嫩梢背面（左）和正面（右）

图 3-18　225Ru 叶片背面（左）和正面（右）

5.101-14

生长势中等。亲本为河岸葡萄 × 沙地葡萄。嫩梢闭合，梢尖匍匐茸毛少，花青素着色浅，茸毛密度疏。幼叶上表面浅红褐色，背面主脉间匍匐茸毛疏。成熟叶楔形，绿色，叶背面主脉间匍匐茸毛极疏，锯齿形状双侧凸或双侧凹，3裂，上裂刻开张，呈"V"形，叶柄洼基部"U"形，叶脉花青素极浅。新梢生长形态半直立，节间背侧红色，叶腹侧浅红色。两性花，结果枝第 1 花序位置第 2～3 节，多 2 个花序，一年生成熟枝黄褐色，枝条横切面近圆形。接该砧木可提早成熟。抗根瘤蚜能力强，抗线虫病中等，抗寒力较强，抗旱力较弱，耐涝性强，抗石灰质土壤能力弱。根系浅，易生根，易嫁接（图 3-19 至图 3-20）。

图3-19 101-14嫩梢背面（左）和正面（右）

图3-20 101-14叶片背面（左）和正面（右）

6. SO4

生长势旺。亲本为冬葡萄×河岸葡萄。嫩梢闭合，梢尖匍匐茸毛少，花青素着色浅，茸毛密度疏。幼叶上表面黄铜色，背面主脉间匍匐茸毛密度中等。成熟叶中等大，楔形，黄绿色，叶面近平展，叶背面主脉间匍匐茸毛疏，锯齿形状双侧直或一侧凸一侧凹，浅3裂或全缘，上裂刻开张，呈"V"形，叶柄洼基部"U"形，叶脉花青素极浅。新梢生长形态半直立，节间背侧绿色带红条带，叶腹侧绿色。雄花，结果枝第1花序位置第3～4节，多2个花序，一年生成熟枝红褐色，枝条横切面扁椭圆形（图3-21至图3-22）。抗根瘤蚜，抗线虫，耐酸、耐湿性强，耐盐能力强，耐石灰性土壤。易生根，利于繁殖，嫁接状况良好。

图 3-21　SO4 嫩梢背面（左）和正面（右）

图 3-22　SO4 叶片背面（左）和正面（右）

7. Rupestris du lot

生长势极旺，沙地葡萄。嫩梢闭合，梢尖光滑，花青素着色浅，茸毛密度疏。幼叶上表面红棕色，背面主脉间匍匐茸毛密度疏。成熟叶楔形，灰绿色，叶背面主脉间匍匐茸毛极疏，锯齿形状双侧凸，全缘，上裂刻开张，呈"V"形，叶柄洼基部"U"形，叶脉花青素深。新梢生长形态直立，节间背侧绿色带红条带，叶腹侧绿色。雄花，结果枝第1花序位置第4～5节，多2个花序，一年生成熟枝红褐色，枝条横切面近圆形（图3-23至图3-24）。抗根瘤蚜，不抗线虫，抗真菌性病害。耐石灰力中等，不适合潮湿性土壤。易生根，嫁接亲和良好。

图 3-23　Rupestris du lot 嫩梢背面（左）和正面（右）

图 3-24　Rupestris du lot 叶片背面（左）和正面（右）

8.5C

生长势旺。亲本为冬葡萄 × 河岸葡萄。嫩梢半开张，梢尖匍匐茸毛少，花青素着色浅，茸毛密度疏。幼叶上表面红棕色，背面主脉间匍匐茸毛密度疏。成熟叶楔形，大而厚，深绿色，叶背面主脉间匍匐茸毛极疏，锯齿形状双侧直或两侧凸，全缘，上裂刻开张，呈"V"形，叶柄洼基部"U"形，叶脉花青素极浅。新梢生长形态直立，节间背侧绿色带红条带，叶腹侧绿色。雄花，结果枝第 1 花序位置第 3～6 节，2～3 个花序，一年生成熟枝黄褐色，枝条横切面近圆形。嫁接品种提早成熟。抗根瘤蚜，抗线虫病。适于潮湿、黏性土壤，不耐旱，耐石灰性土壤能力强。生根较好，嫁接良好（图3-25至图3-26）。

图3-25　5C嫩梢背面（左）和正面（右）

图3-26　5C叶片背面（左）和正面（右）

9. 110R

生长势旺，亲本为冬葡萄×沙地葡萄。嫩梢半开张，梢尖光滑，花青素着色中，茸毛密度疏。幼叶上表面黄铜色，有光泽，背面主脉间匍匐茸毛密度极疏。成熟叶楔形，绿色，叶背面主脉间匍匐茸毛极疏，锯齿形状两侧凸，3裂，上裂刻开张，呈"V"形，叶柄洼基部"U"形，叶脉花青素极浅。新梢生长形态半直立，节间背侧红色，叶腹侧绿色。两性花，结果枝第1花序位置第2～4节，1～2个花序，一年生成熟枝黄褐色，枝条横切面近圆形（图3-27至图3-28）。高抗根瘤蚜，中抗线虫病。耐旱，抗石灰性土壤。不易生根，但嫁接亲和力良好。

图3-27　110R嫩梢背面（左）和正面（右）

图3-28　110R叶片背面（左）和正面（右）

10. 沈530

生长势中。亲本为山葡萄×美洲葡萄。嫩梢全开张，梢尖匍匐茸毛少，花青素着色中，茸毛密度疏。幼叶上表面深黄铜色，背面主脉间匍匐茸毛密度极疏。成熟叶楔形，深绿色，叶背面主脉间匍匐茸毛极疏，锯齿形状一侧凹一侧凸或双侧直，浅 3 裂，上裂刻开张，呈"V"形，叶柄洼基部"U"形，叶脉花青素极浅。新梢生长形态直立，节间背侧红色，叶腹侧绿色带红条带。两性花，结果枝第 1 花序位置第 3～5 节，1～2 个花序，一年生成熟枝红褐色，枝条横切面扁椭圆形（图 3-29 至图 3-30）。

图 3-29　沈 530 嫩梢背面（左）和正面（右）

图 3-30　沈 530 叶片背面（左）和正面（右）

11. Beaumont

生长势中等，河岸葡萄。嫩梢全开张，梢尖匍匐茸毛少，花青素着色中，茸毛密度疏。幼叶上表面深黄铜色，有光泽，背面主脉间匍匐茸毛密度极疏。

成熟叶楔形，深绿色，叶背面主脉间匍匐茸毛极疏，锯齿形状一侧凹一侧凸，浅3裂，上裂刻开张，呈"V"形，叶柄洼基部"U"形，叶脉花青素极浅。新梢生长形态直立，节间背侧红色，叶腹侧绿色带红条带。两性花，结果枝第1花序位置第3~5节，1~2个花序，一年生成熟枝红褐色，枝条横切面近圆形。高抗根瘤蚜，高抗真菌病害。耐高温，耐潮湿。根系耐低温，嫁接亲和性强（图3-31至图3-32）。

图3-32 Beaumont叶片背面（左）和正面（右）

12. Saltcreek

生长势中等，香槟尼葡萄。嫩梢全开张，梢尖匍匐茸毛少，花青素着色深，茸毛密。幼叶上表面浅黄铜色，密披茸毛，背面主脉间匍匐茸毛密度极密。成熟叶楔形，深绿色，叶背面主脉间匍匐茸毛极疏，锯齿形状短，双侧凸，浅3裂或5裂，上裂刻开张，呈"V"形，叶柄洼基部"U"形，叶脉花青素极浅。新梢生长形态直立，节间背侧红色，叶腹侧绿色。两性花，结果枝第1花序位置第2～7节，3～4个花序，一年生成熟枝黄褐色，枝条横切面近圆形。抗根瘤蚜，抗线虫。抗旱中等。扦插生根能力稍差（图3-33至图3-34）。

图3-33　Saltcreek 嫩梢背面（左）和正面（右）

图3-34　Saltcreek 叶片背面（左）和正面（右）

13. Mcadams

生长势中等,河岸葡萄。嫩梢闭合,梢尖匍匐茸毛少,花青素着色浅,茸毛密。幼叶上表面浅黄铜色,背面主脉间匍匐茸毛密度密。成熟叶楔形,深绿色,叶面平滑,叶背面主脉间匍匐茸毛密,锯齿形状双侧直或一侧凸,浅3裂,上裂刻开张,浅裂,呈"V"形,叶柄洼基部"U"形,叶脉花青素极浅。新梢生长形态半直立,节间背侧红色,叶腹侧红色。两性花,结果枝第1花序位置第2～3节,1～2个花序,一年生成熟枝浅褐色或红褐色,枝条横切面近圆形。高抗根瘤蚜,高抗真菌病害。耐高温,耐潮湿土壤。根系抗寒性强,嫁接亲和力强(图3-35至图3-36)。

图 3-35 Mcadams 嫩梢背面(左)和正面(右)

图 3-36 Mcadams 叶片背面(左)和正面(右)

14. 5BB

生长势旺,冬葡萄实生。嫩梢半开张,梢尖匍匐茸毛少,花青素着色深,茸毛疏。幼叶上表面红棕色,背面主脉间匍匐茸毛密度密。成熟叶楔形,绿色,叶面近平展,叶背面主脉间匍匐茸毛密,锯齿形状双侧凸或双侧直,浅3裂,上裂刻开张,呈"V"形,叶柄洼基部"U"形,叶脉花青素极浅。新梢生长形态半直立,节间背侧红色,叶腹侧浅红色。雌花,结果枝第1花序位置第3~4节,1~2个花序,一年生成熟枝黄褐色,枝条横切面近圆形(图3-37至图3-38)。抗根瘤蚜,较抗线虫。适合潮湿、黏性土壤,耐盐能力较强,耐石灰性土壤。抗真菌性病害能力强。易生根,嫁接亲和力强。

图3-37　5BB嫩梢背面(左)和正面(右)

图3-38　5BB叶片背面(左)和正面(右)

15. Dogridge

生长势极旺。香槟尼葡萄。嫩梢半开张,梢尖匍匐茸毛多,花青素着色中,茸毛极密。幼叶上表面黄绿色,密披茸毛,背面主脉间匍匐茸毛密度极密。成熟叶楔形或近圆形,黄绿色,叶正面泡状粗糙,叶背面主脉间匍匐茸毛中等密,锯齿形状一侧凹一侧凸,全缘,锯齿平,上裂刻开张,呈"V"形,叶柄洼基部"V"形,叶脉花青素极浅。新梢生长形态直立,节间背侧绿带红条带,叶腹侧绿色。雌花,花序小,结果枝第1花序位置第2~3节,2~4个花序,一年生成熟枝红褐色,枝条横切面近圆形。中抗根瘤蚜,抗线虫能力良好。耐石灰性土壤中等,耐旱,耐瘠薄土壤。扦插难生根(图3-39至图3-40)。

图3-39 Dogridge 嫩梢背面(左)和正面(右)

图3-40 Dogridge 叶片背面(左)和正面(右)

16. 贝达

生长势旺。亲本为河岸葡萄×康可。嫩梢半开张，梢尖匍匐茸毛少，花青素着色少，茸毛疏。幼叶上表面黄绿色，背面主脉间匍匐茸毛密。成熟叶楔形或肾形，绿色，叶背面主脉间匍匐茸毛疏，锯齿形状两侧凸，浅3裂或全缘，上裂刻开张，呈"V"形，叶柄洼基部"U"形，叶脉花青素浅。新梢生长形态直立，节间背侧绿色带红条，叶腹侧绿色。两性花，结果枝第1花序位置第3～5节，1～2个花序，一年生成熟枝红褐色，枝条横切面近圆形（图3-41至图3-42）。不抗根瘤蚜，易感染多种病毒病。抗旱、耐盐、耐石灰能力中等，抗寒性强。易生根，嫁接亲和性好。适应范围广。

图 3-41 贝达嫩梢背面（左）和正面（右）

图 3-42 贝达叶片背面（左）和正面（右）

17. 140R

生长势极旺。亲本为 Berlandieri Resseguier No.2 × Repestris dulot。嫩梢闭合，梢尖光滑，花青素着色深，茸毛密度疏。幼叶上表面红棕色，有光泽，背面主脉间匍匐茸毛密度疏。成熟叶楔形或肾形，小而厚，深绿色，叶背面主脉间匍匐茸毛极疏，锯齿形状两侧直或一侧凹一侧凸，全缘或3裂，上裂刻开张，呈"V"形，叶柄洼基部"U"形，叶脉花青素中等。新梢生长形态半下垂，节间背侧红色，叶腹侧绿色。雄花，一年生成熟枝黄褐色，枝条横切面近圆形（图3-43至图3-44）。根系抗根瘤蚜，抗线虫较强。耐旱性中等，不耐湿。较耐酸，抗石灰性土壤。扦插难生根，嫁接效果较好。

图3-43　140R嫩梢背面（左）和正面（右）

图3-44　140R叶片背面（左）和正面（右）

18. 188-08

生长势旺。亲本为冬葡萄 × 河岸葡萄。嫩梢闭合，梢尖光滑无毛，花青素着色浅，茸毛密度极疏。幼叶上表面浅黄铜色，背面主脉间匍匐茸毛密度极疏。成熟叶楔形，深绿色，叶背面主脉间匍匐茸毛极疏，锯齿形状双侧直或一侧凹一侧凸，3裂，上裂刻开张，呈"V"形，叶柄洼基部"U"形，叶脉花青素中等。新梢生长形态直立，节间背侧绿色带红条带，叶腹侧绿色。一年生成熟枝黄褐色，枝条横切面近圆形（图3-45至图3-46）。使接穗品种成熟梢早一些，也是容易让红色品种上色的砧木。与3309相似，耐湿，耐旱性中等，不耐盐。根系坚硬但成活率一般。适合绿枝嫁接。

图3-45　188-08嫩梢背面（左）和正面（右）

图3-46　188-08叶片背面（左）和正面（右）

19. 1103p

生长势旺。亲本为冬葡萄 × 沙地葡萄。嫩梢半开张，梢尖匍匐茸毛中等，花青素着色浅，茸毛密度极疏。幼叶上表面黄铜色，有光泽，背面主脉间匍匐茸毛极疏。成熟叶小，楔形或肾形，深绿色，叶背面主脉间匍匐茸毛疏，锯齿形状双侧直或一侧凹一侧凸，3裂或全缘，上裂刻开张，呈"V"形，叶柄洼基部"U"形，叶脉花青素深。新梢生长形态半直立，节间背侧绿色带红条带，叶腹侧绿色。雄花，一年生成熟枝黄褐色，枝条横切面近圆形（图3-47至图3-48）。抗根瘤蚜，耐盐、耐湿，较抗旱，抗石灰性土壤。易生根，嫁接状况良好。

图3-47　1103p嫩梢背面（左）和正面（右）

图3-48　1103p叶片背面（左）和正面（右）

20. B.R.No.2（法国）

生长势中等。嫩梢半开张，梢尖光滑无毛，花青素着色浅，茸毛极疏。幼叶上表面浅红棕色，背面主脉间匍匐茸毛密度疏。成熟叶楔形，深绿色，叶背面主脉间匍匐茸毛疏，锯齿形状双侧凸或双侧直，3裂，上裂刻开张，呈"V"形，叶柄洼基部"U"形，叶脉花青素浅。新梢生长形态直立，节间背侧绿带红条，叶腹侧绿色。一年生成熟枝黄褐色，枝条横切面近圆形（图3-49至图3-50）。

图3-49　B.R.No.2嫩梢背面（左）和正面（右）

图3-50　B.R.No.2叶片背面（左）和正面（右）

21. Beament

生长势弱。嫩梢半开张，梢尖匍匐密生茸毛，花青素着色浅，茸毛极密。幼叶上表面浅红棕色，背面主脉间匍匐茸毛密度疏。成熟叶楔形，深绿色，叶背面主脉间匍匐茸毛极疏，锯齿形状双侧凸或一侧值一侧凹，全缘或5裂，上裂刻开张，浅裂，呈"V"形，叶柄洼基部"U"形，叶脉花青素极浅。新梢生长形态半直立，节间背侧红色，叶腹侧绿色。两性花，结果枝第1花序位置第2～3节，多3个花序，一年生成熟枝黄褐色，枝条横切面近圆形（图3-51至图3-52）。

图3-51 Beament 嫩梢背面（左）和正面（右）

图3-52 Beament 叶片背面（左）和正面（右）

22. Valliant

生长势弱。嫩梢半开张，梢尖匍匐茸毛少，花青素着色少，茸毛密度疏。幼叶上表面红棕色，背面主脉间匍匐茸毛密度极疏。成熟叶楔形，深绿色，叶背面主脉间匍匐茸毛极疏，锯齿形状两侧凸，3 裂，上裂刻开张，呈"V"形，叶柄洼基部"U"形，叶脉花青素中等。新梢生长形态半直立，节间背侧红色，叶腹侧绿色。一年生成熟枝黄褐色，枝条横切面近圆形（图 3-53 至图 3-54）。耐旱性弱。

图 3-53 Valliant 嫩梢背面（左）和正面（右）

图 3-54 Valliant 叶片背面（左）和正面（右）

23. 山河 2 号

生长势旺盛。亲本为山葡萄×河岸葡萄。嫩梢闭合，梢尖光滑无毛，花青素着色中，茸毛密度疏。幼叶上表面红棕色，有光泽，背面主脉间匍匐茸毛密度极疏。成熟叶楔形，深绿色，叶背面主脉间匍匐茸毛极疏，锯齿形状一侧凸一侧凹或双侧直，3 裂，上裂刻开张，呈"V"形，叶柄洼基部"U"形，叶脉花青素中等。新梢生长形态半直立，节间背侧绿色带红条带，叶腹侧绿色。一年生成熟枝黄褐色，枝条横切面近圆形（图 3-55 至图 3-56）。抗根瘤蚜，抗真菌病害，极耐寒。扦插易生根，嫁接亲和性好。

图 3-55　山河 2 号嫩梢背面（左）和正面（右）

图 3-56　山河 2 号叶片背面（左）和正面（右）

第四章　葡萄育苗技术

第一节　硬枝扦插育苗

一、品种选择

鲜食品种要求本身花芽分化好，扦插苗花芽分化好，生根能力强，适应不同土壤环境能力强，砧木品种耐盐或耐酸，抗寒或抗旱，抗根瘤蚜、线虫，如Gloire、101-14、SO4、5BB、抗砧3号、天工葡砧1号、天工葡砧2号等。

二、插条采集

一般结合冬季修剪，选取枝横截面呈圆形或近圆形，0.5 cm ≤直径 ≤ 1.2 cm，髓部＜直径的1/3，节间长5～12 cm，色泽正常、芽眼饱满、无病虫为害的一年生枝作为插条，剪成6～8节长（50 cm左右）。每50条捆成1捆，将扦插用种条用5波美度石硫合剂或多菌灵500～800倍液或甲基硫菌灵800倍液浸泡3～5 min，取出阴干。并标明品种名称和采集地点。

插条整理：将沙藏的种条剪成2～3芽段，约15 cm，芽上端平剪，离芽1～1.5 cm；下端斜剪呈马耳形，离芽0.5～1 cm。剪好的枝条捆成20根一把，下端理整齐装入蛇皮袋内，放在水中浸泡24 h，使枝充分吸收水分。

三、插条贮藏

选择高燥而又排水良好的地段，挖成长方形的坑，沟深40 cm，长度和宽度依贮藏枝条数量而定，坑底铺沙15 cm厚，然后将成捆的插条，顺序横放于沙上。插条平放或立放均可，每放一层就铺5～6 cm厚的沙，插条与插条的空隙用沙填充，以免插条发霉变质。一般放2～3层插条为好，过多则不易掌握底层的温度。最上面的1层覆盖5～10 cm厚的沙，贮藏环境温度应保持在

1～3℃、相对湿度保持在95%以上。

苗圃地的选择：葡萄苗圃地选择地势平坦，土层深厚，土质疏松，便于灌排以及交通方便、无污染源的地方。山地向阳缓坡，由于地温较高，排水性能好，通风透光。

四、苗圃地的准备

撒施腐熟的猪肥或羊肥等有机肥，每667 m^2 施1 000～1 500 kg，微耕机全园深翻20～30 cm，待越冬风化。2月开沟作畦，做好苗床。用于嫁接的，畦宽1 m，每畦扦插4条（方便两边嫁接），畦沟0.3 m（嫁接时放凳），将畦面整平、耙细后，铺好微喷或滴管再覆盖黑地膜。

五、扦插前的准备

为促进插条生根，可将插条下半部浸入吲哚乙酸40～50 mL/kg溶液或萘乙酸50～100 mL/kg溶液，浸泡12～24 h；或如用500～1 000 mL/kg的吲哚丁酸快速处理5 s，效果也较好。

六、扦插方法（图4-1至图4-7）

在当地气温达到15℃或地膜20 cm土层温度大于10℃左右时开始扦插。一般在2月上旬至3月上旬。按行距15～20 cm，株距15 cm左右扦插。扦插时，顶芽要微露出膜面上2～3 cm（防膜灼伤）；插后要灌透水1次；如品种较多，每个品种挂好标记牌，并画好分布图，以免混杂。

图4-1　冬剪后枝条采集

图4-2　整理插条

图 4-3 插条绑扎

图 4-4 插条基部生根粉处理

图 4-5 插条埋入沙中

图 4-6 扦插抽梢

图 4-7 育苗基地准备

七、扦插后的管理

一般 3 月上中旬萌芽。插后一般春雨连绵，要注意排水，但如遇春旱应适当浇水，以保持插条基部湿润，有利于发根。卷须出现或新梢达 5 叶时，开始施肥，4 月下旬至 6 月上旬，苗木进入迅速生长期，需要大量的养分，追施含氮高水溶肥 2~3 次。幼苗主梢长至 8 叶以上摘心，立木桩，每畦 4 根，间隔 3 m 再立木桩，用 2 股尼龙绳离地 50 cm，夹住主干，保持植株直立生长，顶副梢留 3 个，留 2 叶摘心，以后留 1 叶用割草镰刀割去新长的部分。其余副梢尽早抹除，基部发出的副梢去除，以利通风。至 9 月对主梢头摘心，使新梢成熟。苗期主要防黑痘病、霜霉病、白腐病，绿盲蝽、红蜘蛛、金龟子、叶蝉、天蛾等病虫害。混入杂种或病毒症状植株尽早抹除。

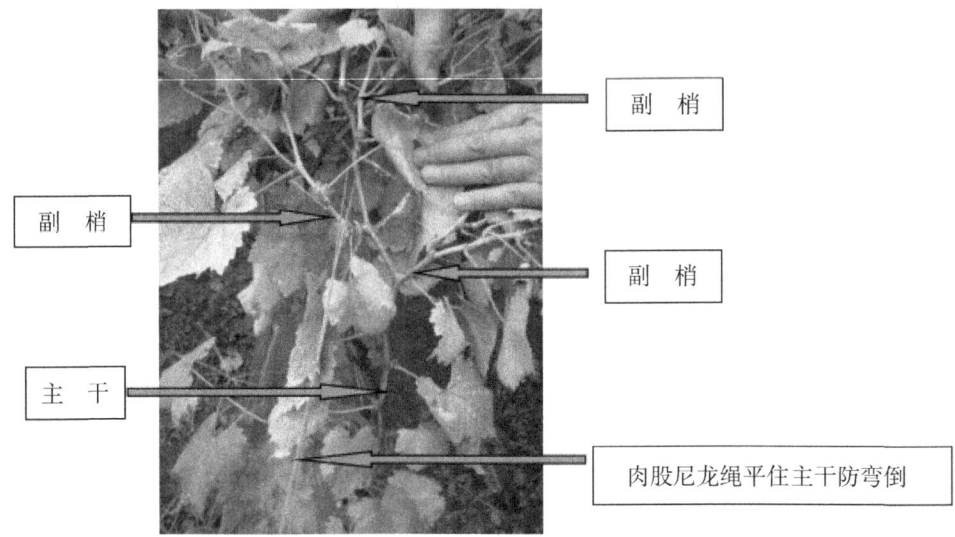

图 4-8　扦插后的管理

第二节　绿枝嫁接育苗

绿枝嫁接就是用半木质化的接穗嫩枝嫁接到砧木当年抽生的绿枝上。

一、嫁接时期

嫩枝已半木质化，芽眼已具备发芽能力的均可以进行嫁接，但以早接为好，成活后有较长的时间进行生长。这比次年春季硬枝嫁接成活率高。浙江等南方地区设施内 4 月至 6 月中旬，露天 5—6 月为嫁按适宜期。

二、接穗的采前处理

建议从育成单位引进生长健壮、无病虫害、品种纯正的接穗。嫁接前 7～10 d 通知提供接穗的单位对嫩枝进行摘心，以促枝条充实、芽眼饱满。母本园在苗圃附近可随采随接，外地采集的接穗要及时将剪下的绿枝叶片去掉，用潮湿毛巾包好，用密封的泡沫箱快速运到目的地嫁接。接穗价格高或外地引进未接完的，要将多余的接穗放入 3～5℃冰箱或地窖保存。

三、接穗的剪取

节间长的品种，一芽一节为一接穗；节间特别短的品种，二芽二节。去叶，保留 1～2 cm 叶柄，在接穗芽的上方留 1.5～2.0 cm，下方留 3～5 cm。以防枝干枯，影响芽的萌发。剪好的接穗用湿布或纸盖住，最好随采随接。异地嫁接，用湿报纸盖住去叶绿枝，用密封的泡沫箱快递。以接穗木质化比砧木木质化程度高的组合成活率高，接穗粗度稍大于砧木木粗为宜。

四、嫁接方法（图 4-9 至图 4-14）

大多采用劈接。

图 4-9　剪砧后

图 4-10　切砧

图 4-11　削接穗

图 4-12　接穗插入砧木

图 4-13　嫁接完成　　　　图 4-14　嫁接苗一周后发芽成活抹侧副梢

五、接穗处理

先在接穗芽的下方，选择较宽的两侧面，用锋利的双面刀片，削成长约 3 cm 的长楔形，斜面要光滑。

六、砧木处理

新梢基部留 3～4 片主梢叶作抚养叶，去除副梢，在第 3～5 节选取并截断，选宽面中间劈下，劈口深 3 cm 左右，用手握住砧木刀口两侧，将接穗插入切口，使形成层紧密贴接。砧穗不一致的，要对齐一侧的形成层，接穗削面要露白，即接穗削面伤口少露出一点，然后用塑料薄膜由下而上绕紧包扎叶柄剪口，封住接穗上端的剪口，形似"戴帽"，接芽上方打结，方便以后拆嫁接口绑束膜。同时抹除接口下砧木的冬、夏芽。

1. 接后检查

接后 7 d 左右进行检查，芽眼新鲜或膨大，基本成活；接芽变褐表示未活。一般接后 15 d 左右萌发新梢，但接穗芽发育不良的推迟萌芽，品种间也存在差异。嫁接时不小心把芽包住的要及时挑破膜，以利芽抽生。

2. 接后管理

接芽膨大至萌发期，及时抹除砧木上冬、夏的萌芽 2～3 次，因病虫危害或黑膜反光热害造成砧木不足 3 叶的用副梢叶弥补。据土壤水分状况，注意灌水，接芽成活后追施少量氮素肥料，促进接穗新梢加速生长。当苗长至 50 cm 高时，立小竹竿拉绳，竹竿间隔距离 3 m，苗长至 10 叶高时留 8 叶摘心，让小苗梢头夹在绳中间并保持直立向上姿态，摘心后顶副梢留 3 个，副梢"2-1-1"摘心或电动打梢机打头，侧副梢抹除。

七、注意病虫害的防治

萌芽后至新梢 5 cm，注意防治黑痘病、绿盲蝽、蚜虫，喷施甲基托布津 + 特福力，4—6 月防治黑痘病、红蜘蛛危害，喷施福星 + 阿维·螺螨酯。梅雨季节防治霜霉病、红蜘蛛，喷喹啉酮或霉多克 + 阿维·哒螨灵。5 月中下旬至 6 月上旬喷防治透翅蛾，喷氯虫苯甲酰胺 3 000 倍液。6 月以后可每隔 15 d 喷洒波尔多液等铜制剂，以防治各种病害。8—9 月防治霜霉病、叶蝉、天蛾、斜纹夜蛾。

八、休眠枝接绿枝

休眠枝接绿枝就是冬剪下来的成熟枝经过砂藏、冷藏后作接穗嫁接到砧木当年抽生的绿枝上。

接穗采集、贮藏参考硬枝扦插插条，枝量多萌芽前转入 3～5℃冷库冷藏，枝量少可放冰箱冷藏。待当年扦插的砧木或上年等外苗栽后长至 8 叶时摘心，同时去除基部 3～4 节位的副梢，7 d 后嫁接。

嫁接方法：采用劈接法嫁接。取出冬季冬剪下来的冷藏休眠枝，洗净枝上沙和泥，选用与砧木抽生新梢基部第 3 或 4 节粗度相近的接穗，用清水浸泡 24 h 后剪截。接穗在饱满芽上方 1～2 cm 处平剪，在芽下方 4～5 cm 处平剪。在芽下两侧削成长 2.5～3 cm 的楔形斜面，另一侧 1 cm 楔形斜面，两侧斜面刀口要平滑。在砧木第 3 或 4 节中间横断面垂直劈入，深度 2.5～3 cm。削好的接穗立即插入砧木的切口中，使砧木和接穗形成层对齐，如果粗度不一致，至少保证一侧的形成层对齐。用 1～1.5 cm 宽的富有弹性的薄膜条将接口部分包严，与绿枝接绿枝一样只露出芽眼。一周后检查成活，一般芽眼膨大或萌发均表示成活，立即抹去砧木上夏芽、冬芽。其他管理与绿枝嫁接苗一样。

栽后管理参考绿枝接绿枝。

第五章　葡萄高接换种

随着人们生活水平的提高，对品种多样化、品质提高需求越来越迫切。如种植的维多利亚口味淡、京亚偏酸等，浙江种植的红地球着色偏淡糖度低，成熟时易遭遇台风危害。因此通过高接来换种，换种有两种途径，一是挖除原有植株，另植新苗，但存在连作障碍问题，种植后第三年才能进入盛果期。二是利用原有植株作为砧木，就地嫁接新品种，用工少，收效快。改接后，当年成形，次年即达初盛果期。温岭叶海波先生采用"绿枝接绿枝砧"，2019年4月在夏黑上高位嫁接天工墨玉，当年遭遇"利奇马"台风登陆，葡萄叶全吹破的情况下，2020年单产达1 552.5 kg/667m^2，效益3万多元。所以在确保粮食安全形势下，葡萄面积难扩大，高接换种是丰富优质品种最佳的途径之一。缙云项帅先生采用"硬枝接绿枝砧"4月上旬在夏黑上高接阳光玫瑰，次年667m^{2}产量达1 000 kg。

一、高接前准备

1. 对砧木的准备

在冬季修剪时，如采用双十字"V"形架，将老树在离地面约20 cm处锯断。对"一"字形或"H"形架或水平星状形植株的高接换种，可将老树主干离地面100～150 cm处锯断（架面钢丝下30 cm处据断），以待来春发芽抽梢后嫁接。

2. 接穗的准备

休眠枝接绿枝砧的，应在冬季修剪时选取接穗，并沙藏越冬，开春（3月上旬）取出接穗，包塑膜内冷藏于3～5℃的冰箱或冷库内。绿枝接绿枝砧，在嫁接时期采集。

3. 工具的准备

嫁接刀和修枝剪，要磨锋利；绑缚材料带和塑膜袋都要事先准备齐全。

二、高接时间与方法

1. 嫁接时期

休眠枝接绿枝砧的、双天膜促早的在3月上中旬至5月,单膜促早的在4月中下旬至5月,避雨在5—6月,绿枝接绿枝砧的在4月中旬至6月中旬均可进行。

2. 嫁接方法

采用劈接。

方法一:靠近主干选择2～4个新梢,位置低于第一道钢丝10 cm左右。嫁接后抽生枝绑缚时不易断。嫁接后萌发的枝叶确保能照射到阳光。等被高接的葡萄树果实采收后,未接的枝全部剪除(图5-1至图5-4)。

图5-1 留两枝高接3枝生长

图5-2 萌芽后抹除侧副梢

图5-3 高接枝条成熟

图5-4 高接去除嫁拉绑扎物

方法二：密植园在冬季修剪时：一株放宽结果母枝布满占 2 株株距，改接的树留 2 个结果母枝 2 芽短梢修剪，待次年抽生 4 个新梢再接；如果中间砧（原品种）不适合高接，可剪至嫁接口以下砧木位置，砧木抽生后按小苗方式进行培育，离第一道钢丝不足 30 cm 处摘心，待 2 个顶副梢长至 7～8 叶摘心，一周后留基部 3 叶处嫁接新品种因根系发达，所以生长快（图 5-5、图 5-6）。

图 5-5　大树去除嫁接口以上部分后高接前　　　　图 5-6　大树去除嫁接口以上部分后长至高接后

国家葡萄产业技术体系杭州综合试验站在杨渡核心区试园试验，接穗与中间砧为同一类型的成活率高。如天工玉柱接在贝达砧的早墨宝（中间砧）上表现丰产稳产。天工墨玉、阳光玫瑰、妮娜皇后等适合旺的砧木，原种植的是扦插巨峰、红富士的不适合高接，如阳光玫瑰高接在这两个品种上，容易僵果和出现果锈。

高接后管理：嫁接 7～10 d 后，当接穗的芽膨大萌发时，抹除嫩梢上所有侧副梢和冬芽，有利于成活。新梢长至 20～30 cm 时要引缚在原有支架上。生长到 40～50 cm 时要剥除嫁接时包扎的塑膜袋和带，防止绞缢而死。并根据整形要求，进行摘心、引缚等工作。如一字形整形的，接芽抽生长至 1 m 时摘心，让其充实，待半木质化时用作的主蔓沿第一道钢丝方向绑缚，冬季短梢修剪的品种副梢长至4叶时留3叶摘心,顶副梢连续3叶摘心2～3次后封顶;冬季中长梢修剪的品种副梢长至6叶时留5叶摘心,顶副梢4叶、3叶摘心后封顶。副梢上的侧副梢全抹除。

病虫害防治:嫁接前一周防治灰霉病、红蜘蛛。嫁接后3 d内不能打任何农药,接芽展叶后防治绿盲蝽,金龟子等,新梢10 cm长时再防绿盲蝽和灰霉病。5叶时防病毒病。其他参考小苗的病虫害防治。

水分管理:一般嫁接24 h后的再灌水有利于成活。

参考文献

曹玥华,魏灵珠,李勇,等,2017.宝系列葡萄品种在浙江地区的引种与栽培管理[J].中外葡萄与葡萄酒,(6):38-41.

曹玥华,魏灵珠,沈碧薇,等,2019.砧木对新郁葡萄生长和果实品质的影响[J].浙江农业学报,31(6):908-914.

程建徽,梅军霞,郑婷,等,2015.不同砧木对欧亚种葡萄红亚历山大产量和品质的影响[J].核农学报,29(8):1607-1616.

程建徽,魏灵珠,陈青英,等,2013.鲜食葡萄新品种——'玉手指'的选育[J].果树学报,30(4):715-717,504.

程建徽,魏灵珠,梅军霞,等,2012.美国圆叶葡萄在浙江省的引种表现研究[J].现代农业科技,(23):69-70,72.

程建徽,魏灵珠,向江,等,2019.无核葡萄新品种'天工翡翠'的选育[J].果树学报,36(2):250-252.

程建徽,魏灵珠,向江,等,2020.鲜食葡萄新品种'天工翠玉'的选育[J].果树学报,37(6):945-947.

程建徽,魏灵珠,郑婷,等,2014.适宜南方省力化栽培的葡萄新品种与技术措施[J].河北林业科技(Z1):183-185.

程建徽,吴江,陈俊伟,等,2006.浙江地区鲜食葡萄引种观察及筛选[J].中外葡萄与葡萄酒(3):33-35.

程建徽,吴江,雷鸣,等,2009.3种砧木对金手指葡萄生长与果实性状的影响[J].中国南方果树,38(1):20-21.

程建徽,吴江,吴永华,等,2008.砧木对巨玫瑰葡萄生长与果实性状的影响[J].现代农业科技(13):19-20.

崔鹏飞,魏灵珠,程建徽,等,2021.不同砧木对天工翠玉葡萄生长和果实品

质的影响 [J]. 浙江农业学报, 33（1）: 52-61.

崔鹏飞, 叶明儿, 程建徽, 等, 2020. '天工玉液'葡萄在浙江地区表现及其栽培技术 [J]. 中外葡萄与葡萄酒（4）: 37-40.

傅群英, 吴江, 蒋飞荣, 等, 2007. 香甜翠玉葡萄露地无核化栽培技术 [J]. 中国南方果树（1）: 63-64.

傅群英, 吴江, 蒋飞荣, 等, 2007. 早熟葡萄新品种引选及优质稳产栽培技术 [J]. 中外葡萄与葡萄酒（1）: 39-40.

贾吉星, 魏灵珠, 程建徽, 等, 2017. 瑞都系列葡萄品种在浙江地区的引种表现 [J]. 中外葡萄与葡萄酒（5）: 42-44, 48.

简小楠, 魏灵珠, 吴江, 等, 2017. 昌黎系列葡萄品种在浙江地区的引种表现 [J]. 安徽农业科学, 45（13）: 29-31, 45.

孔庆山, 2004. 中国葡萄志 [M]. 北京: 中国农业科学技术出版社.

李斌, 俞慧明, 朱屹峰, 等, 2018. 嘉兴地区'红地球'葡萄节本提质增效关键栽培技术 [J]. 中外葡萄与葡萄酒（1）: 46-49.

刘崇怀, 沈育杰, 陈俊, 等, 2006. 葡萄种质资源描述规范和数据标准 [M]. 北京: 中国农业出版社.

刘凤之, 段长青, 2013. 葡萄生产配套技术手册 [M]. 北京: 中国农业出版社.

梅军霞, 李琳, 程建徽, 等, 2013. 美国无核葡萄在浙江的引种表现 [J]. 湖南农业科学（9）: 95-98.

梅军霞, 郑婷, 程建徽, 等, 2013.7 种砧木对红玛斯卡特葡萄生长与果实品质的影响 [J]. 安徽农业科学, 41（23）: 9548-9550, 9559.

沈碧薇, 魏灵珠, 崔鹏飞, 等, 2020. 不同砧木对'瑞都红玉'葡萄生长结果与果实品质的影响 [J]. 果树学报, 37（3）: 350-361.

沈碧薇, 项帅, 郑婷, 等, 2019. 不同砧木对'天工翡翠'葡萄生长结果和果实品质的影响 [J]. 中外葡萄与葡萄酒（5）: 39-46.

魏灵珠, 蔡秀芬, 程建徽, 等, 2012. 葡萄新品种——'宇选1号'的选育 [J]. 果树学报, 29（4）: 708-709, 520.

魏灵珠, 程建徽, 李琳, 等, 2012.SO4 和贝达砧木对鄞红葡萄生长与果实品质的影响 [J]. 中外葡萄与葡萄酒（4）: 23-25.

魏灵珠，程建徽，李琳，等，2013.两种多抗性砧木对大紫王葡萄生长与果实品质的影响[J].浙江农业学报，25（1）：64-67.

魏灵珠，沈碧薇，程建徽，等，2020.砧木对'新雅'葡萄生长及果实品质的影响[J].果树学报，37（9）：1346-1357.

吴江，2019.葡萄[M].北京：中国农业科学技术出版社.

吴江，陈俊伟，王岳良，等，2003.欧亚种葡萄在南方栽培中裂果问题与防止对策[J].浙江农业科学（2）：48-49.

吴江，陈俊伟，朱娴，2003.圣诞玫瑰大棚避雨设施栽培技术[J].中外葡萄与葡萄酒（2）：32-33.

吴江，陈青英，陈俊伟，等，2005.矢富罗莎葡萄早期优质丰产栽培技术研究[J].中国南方果树（2）：55-56.

吴江，程建徽，2017.图解南方葡萄省力化优质安全生产与管理[M].北京：中国林业出版社.

吴江，程建徽，陈俊伟，等，2006.夏黑葡萄南方优质栽培关键技术研究[J].中国南方果树（3）：72-73.

吴江，程建徽，谢鸣，等，2006.南方欧亚种葡萄引种评价和栽培技术研究[J].果树学报（2）：191-195.

吴江，韩郁军，沈玉良，等，2004.南方栽培美人指葡萄实现早期丰产的关键技术[J].中国南方果树（3）：60-61.

吴江，王岳良，富守忠，等，2003.巨峰葡萄改接粉红亚都蜜优质丰产栽培技术[J].中国南方果树（4）：58-59.

吴江，谢鸣，戚行江，等，2004.南方优质无核葡萄果粒增大关键技术研究[J].河北林业科技（5）：99-101.

吴江，张林，2014.葡萄全程标准化操作手册[M].杭州：浙江科学技术出版社.

严大义，2011.红地球葡萄[M].北京：中国农业出版社.

郑婷，梅军霞，程建徽，魏灵珠，吴江，2013.金田系列葡萄品种在浙江地区的引种表现[J].安徽农业科学，41（23）：9577-9579，9591.

Cheng JH, Wei LZ, Mei JX, et al., 2017. Effect of rootstock on phenolic compounds and antioxidant propertiesin berries of grape (Vitis vinifera L.) cv. 'Red Alexandria', Scientia Horticulturae, 217：137-144.

Wei LZ, Cao YH, Cheng JH, et al., 2020.Comparative transcriptome analyses of a table grape 'Summer Black' and its early-earlyripening mutant 'Tiangong Moyu' identify candidate genes potentially involved in berry development and ripening[J]. Journal of Plant Interactions, 15：213-222.

Xiang J, Cheng JH, Wei LZ, et al., 2020.The complete chloroplast genome sequence of Vitis berlandieri[J]. Mitochondrial Dna Part B, 5：3068-3069.

附录一　天工墨玉葡萄三膜促早设施栽培技术模式图

1. 品种/砧木

自根苗，夏黑或贝达砧。

2. 建园

（1）苗木选择。选用接芽饱满、生长健壮、根系发达的无病虫害的嫁接苗或自根苗作定植用苗。

（2）栽植期。12月上旬至次年3月上旬。

（3）栽植密度与行向。简易连栋小环棚行距2.7～3 m，株距2～4 m，每667m^2栽55～120株为宜。栽植行向以南北向为宜。

（4）栽植要求。定植沟深30～50 cm，沟宽60～80 cm，每667m^2施2 000 kg畜肥或商品有机肥1 000 kg，混100 kg磷肥施入沟内，填土整成馒头形栽植垄。用磷肥点好定植点，选晴天或阴天栽植。栽植时苗根向四周伸展，填土，浇透水，用100 cm左右宽黑色地膜全垄条形覆盖。并及时开好三沟：围沟、腰沟、畦沟配套。

（5）设施。简易连栋小环棚，顶高2.2～2.3 m，行宽2.5～3 m（含沟）。在单行用简易避雨小环棚基础上，整块地四周及棚间通天空气道用薄膜覆盖全封闭保暖。或5～8 m宽肩高2～2.2 m，顶高3.5～3.7 m的连栋大棚。

（6）架式。单十字飞鸟形架（图1）。

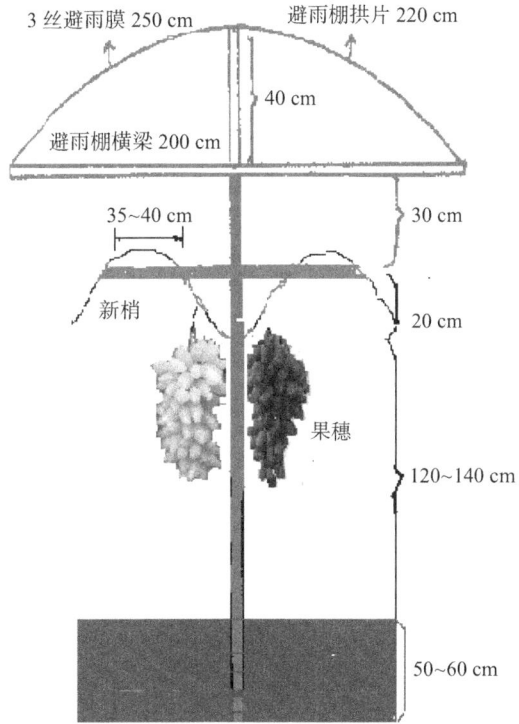

图1 单十字飞鸟形架

3. 指标

（1）产量、质量指标。产量稳定在1 250 kg左右，果粒重8～10 g，可溶性固形物≥16%以上。

（2）上市时间。浙东南为4月中下旬，浙中为5月上中旬，浙北为5月中旬。

4. 幼树管理

（1）生长指标。单十字飞鸟形架130～140 cm处，通过摘心培育刊2～4主蔓。落叶前形成一个主干、2～4条主蔓为较理想的生长量。第一年可露地栽培。

（2）分类培育。当新梢（即作为主干培养的）有5～6叶后，开始薄肥勤施，先淡后渐浓，避免过多施尿素或发酵的人粪尿。根据架式当主干长至130～140 cm时摘心，顶副梢留2个，生长至3叶时摘心，使其成为4个侧蔓，8～10芽摘心，主干上其余副梢留1叶绝后摘心（劳动力不够的可抹除副梢）。

（3）追肥。6月中旬铺施腐熟的畜肥，每667m^2施500 kg，于种植畦上，沟泥压肥或肥面铺草。根外施肥7月（出梅后）喷0.2%磷酸二氢钾，每月2次至8月。

（4）防治黑痘病、霜霉病、绿盲蝽、透翅蛾、红蜘蛛、粉蚧、叶蝉、天蛾等病虫害，参考结果树。

5.结果树管理

（1）膜覆盖与揭除（图2）。于12月上旬至次年1月上旬（浙中）封膜，同时盖地膜增土温（沟内不盖，增加湿度）。5月中旬先开天窗，再摇起四周围膜，转为避雨栽培。9月下旬（无台风区）揭除顶膜。

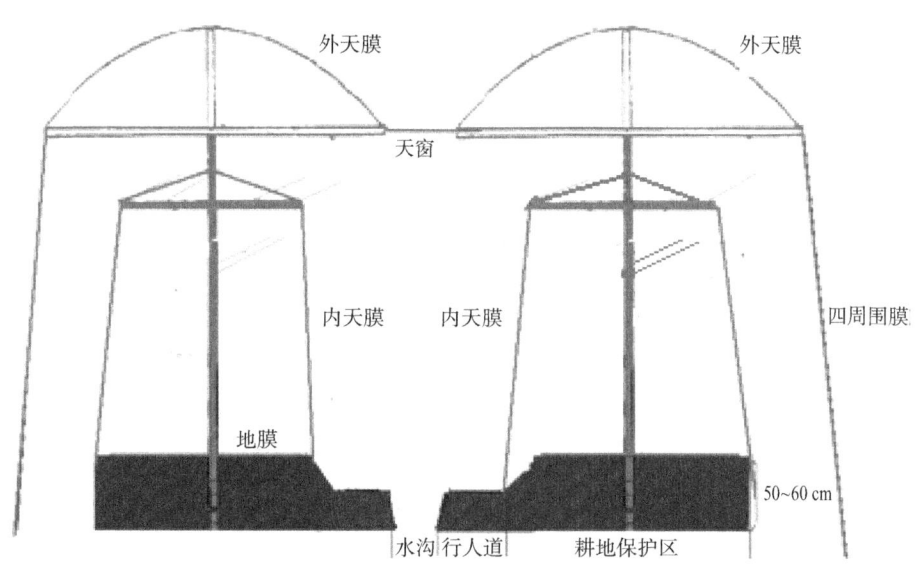

图2 天工墨玉葡萄膜覆盖与揭除

（2）温湿度、土壤水分调控（见表1）。

附录一　天工墨玉葡萄三膜促早设施栽培技术模式图

表1　天工墨玉葡萄温湿度、土壤水分调控

时间	棚内温湿度	备注
封膜至萌芽前	盖膜一周，20℃以下，盖膜2周，35℃以下，绒球期28~30℃，湿度80%~90%	通过开天窗或揭高西边内天膜调温，清晨棚内保持浓雾，畦土保持湿润
萌芽后至揭内天膜前	展叶期28~32℃，先开天窗降温，26℃以上揭内膜或揭高四周围膜。湿度60%~70%	齐芽后立即全园铺地膜降湿，减缓枝蔓徒长，预防灰霉病发生
揭内天膜至开花前	温度30℃以内，湿度60%	晴、多云天要揭膜调温
开花至揭四周围膜	30~32℃以内，湿度70%	花期前后，供水一次，畦土保持湿润
坐果至开始转色	30~32℃以内，湿度70%	膨大剂处理时滴灌滴水
着色期	32℃以内，湿度60%~70%	前期适当供水促果粒膨大，开始着色控水，在20%着色时铺反光膜，减轻烂果、裂果

6. 枝蔓管理

（1）解除休眠。涂破眠剂后5~15 d盖外天膜，萌芽前20~30 d用5~7倍石灰氮浸出液或荣芽30~50倍，涂结果母枝芽，短梢修剪全涂，中长梢剪口2个芽不涂。

（2）抹芽、定梢。萌芽后抹除双芽中副芽，新梢长至5~6叶时定梢缚梢。梢距20 cm，667 m² 定梢2 600条左右。

（3）剪梢、摘心。花序上3叶（分得出）留1叶摘心；整园开一朵花时第二次摘心。齐天窗或主梢13叶时统一剪梢或打梢头，营养枝"10-4-4叶"摘心。

（4）副梢处理。花序下副梢全留1叶绝后摘心，花序以上只留顶副梢，其余侧副梢去除。营养枝侧副梢去除，顶副梢留4叶反复摘心。

（5）冬季修剪时间。12月中下旬至次年1月底结束，1~5个芽梢修剪为主。

7. 果穗管理

（1）整花序、理果穗。每一根结果枝选留一花序，花前10 d摘心或用 5 mg/L 赤霉酸拉长花序，花序他离至始花前精品果只留穗尖留 5～7 cm（15～18 个分枝）；批发果在见花前 2 d 至见花第 3 d，用双手掐除上部 3～4 条较长分枝，留 1 cm 左右长的花蕾，长度不整，即整边不整长，使花序成近圆筒形。

（2）调整穗轴长度。约在开始开花 20 d 进行，每穗剪成 16 cm 长，成熟果穗约 22 cm 长，方便批发与电商销售包装。

（3）疏果粒、套袋。疏果的时期约在见花后 22 d 进行。生产 8～10 g 果粒，每穗留果 70 粒左右。用白色葡萄专用纸袋，套袋时间为花后 25 d 左右。

（4）保果无核膨大。谢花后 2 d 内用 25～50 mg/L 赤霉素 +1～2 mg/L 噻苯隆浸花穗保果与无核处理，隔 10～15 d 再用一次膨大处理。或用速峰果美 2 次（批发果）。

8. 施肥（见表 2）

表 2　天工墨玉葡萄施肥时期和施肥量

肥料	时间	施肥量/（667m²）	方法
基肥	9 月底至 11 月	畜禽肥 1 500～2 000 kg 或商品肥 1 000 kg，钙肥 50～75 kg	深翻入土、灌水
保果、无核肥	谢花末期	施高氮水溶肥 15～20kg/667m²，分 2 次施入，间隔 5 d	滴管冲施
膨果肥	与上次间隔 10 d	施平衡水溶肥 20 kg/667m² 分 2 次施入	滴管
着色肥	果实开始着色	施高钾复合肥 10～15 kg/667m²	滴管
	全转红	施纯钾肥 10～15 kg，分 2 次施入，间隔 5 d	

9. 病虫害防治

（1）葡萄芽绒球期。地面、葡萄架和芽喷铲除剂 3～5 波美度石硫合剂或 30% 机油·石硫乳剂，对防治黑痘病有特效，同时杀死越冬虫卵。

（2）8～10 叶期。重点防治穗轴褐枯病兼防灰霉病，用卉友或扑海因。

（3）谢花后。重点防治灰霉病、穗轴褐枯病、白腐病、白粉病、葡萄透翅蛾和葡萄虎天牛。喷施佳乐或凯泽或健攻 + 氰戊菊酯乳剂。

（4）坐果后套袋前。重点防治白腐病，兼防白粉病、炭疽病、霜霉病等病虫害，用阿米西达或凯润＋高效氯氰菊酯 或（健达＋抑霉唑＋阿立卡）处理果穗。套袋后用铜制剂防治叶部病害。

（5）转色期。开始糖醋诱杀吸果夜蛾等虫害。糖、醋、白酒、水比例为 6∶3∶1∶10，加少量敌百虫。用性诱剂诱杀斜纹夜蛾。安装防鸟网。

（6）采果后后至落叶前（9月上中旬）。重点防治天蛾、叶蝉、霜霉病等。用波尔多液，歼灭杀虫。

附录二 欧亚种葡萄优质安全稳产设施栽培模式图

1. 品种

红地球、新雅、新郁、瑞都红玉、瑞都香玉、天工紫玉、天工沁香、早黑宝等欧亚种。

2. 建园

（1）苗木选择。选用接芽饱满、生长健壮、根系发达、无病虫害的嫁接苗或扦插苗作定植用苗。

（2）栽植期。11月底至次年3月上旬。

（3）栽植密度与行向。5～8 m宽南北向大棚行距2.5～3 m，株距2～3 m。5～8 m宽东西向大棚一棚种一行，株距1.25～2.5 m。葡萄穗排列方向以南北向为宜，减少阴阳面，使果穗着色均匀。

（4）栽植要求。定植沟深30～50 cm，沟宽60～80 cm，每667 m²施2 000 kg畜肥或商品有机肥1 000 kg，混100 kg磷肥施入沟内，填土整平为栽植垄。用磷肥点好定植点，选晴天或阴天栽植。栽植时，苗根向东南西北4个方向均匀平放，填土，浇透水，铺好2～4条滴管或微喷管，再用80～100 cm宽黑色地膜全垄条形覆盖。并在连续降雨前天开好三沟：围沟（1.5 m宽、1 m深）、腰沟（0.5 m宽、0.8 m深）、畦沟配套（0.3 m宽、0.4 m深）。

（5）架式。①平棚架，立柱高2.5 m，地面高1.8～2.0 m，每个立柱间距4 m，每标准大棚种植1行；②单十字飞鸟形架（图1）。

（6）设施。标准钢管连栋大棚，矢高3.7 m以上，肩高2.2 m。棚两边开天窗。

附录二 欧亚种葡萄优质安全稳产设施栽培模式图

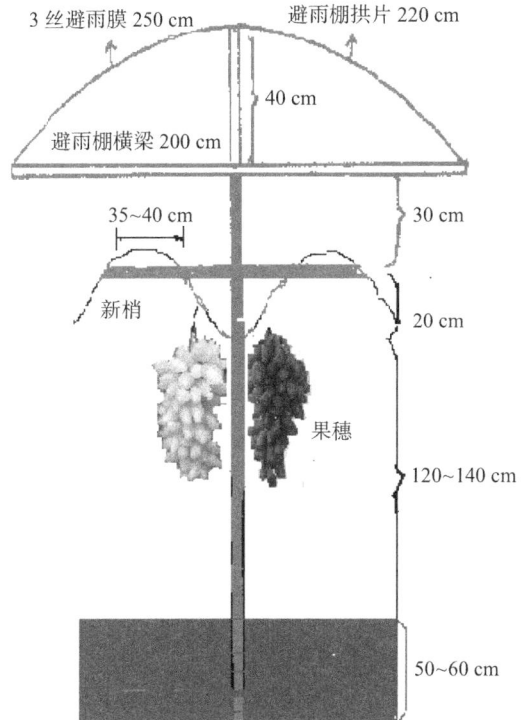

图1 单十字飞鸟形架

3. 欧亚种葡萄栽培指标

（1）产量指标。每 667 m² 1 250～1 750 kg。

（2）果粒质量指标。大粒品种果粒平均重 12 g 以上，中粒品种果粒平均重 10 g 以上，无核小粒品种果粒单果重 3～6 g。可溶性固形物≥16%。

4. 欧亚种葡萄幼树管理

（1）生长指标。单十字飞鸟型架 130 cm 处摘心培育 2～4 主蔓；棚架"H"形 150 cm 处，通过摘心培育 2 主蔓、2 个龙蔓。

（2）分类培育。当新梢（即作为主干培养的）有 5～6 叶后，开始薄肥勤施，先淡后渐浓，避免过多施尿素或发酵的人粪尿。根据飞鸟形或"H"形分别培养，留 3 芽定植，萌芽后留 2 个新梢，待新梢长至 5 叶时留 1 壮梢，立杆绑缚，保持直立生长，及时抹去侧副梢，新梢长至第一道钢丝下 20 cm 处摘心，其顶上 2 个副梢向左右两侧绑缚，长至 100 cm 左右时摘心，一字形，留 1

个顶副梢生长，H型各留顶副梢2个（作龙蔓4～8 m长），左右反方向绑缚。

（3）施肥。当苗新梢长至5叶后，每隔10天左右施稀薄人粪尿或尿素，薄肥勤施，先淡后渐浓，6月中旬铺施腐熟的畜肥，每667 m²施500 kg，于种植垄上，沟泥压肥或肥面铺草。7月开始施钾肥促进枝蔓成熟安全越冬。根外施肥：叶面喷施0.2%磷酸二氢钾和0.2%～0.3%尿素液，每月2～4次至8月。各种类型的苗主蔓长至1.5 m左右摘心增粗，主蔓上长出的副梢留1～2叶绝后摘心。

（4）防治黑痘病、霜霉病、绿盲蝽、蚜虫、透翅蛾、螨类、蚧类、叶蝉、天蛾等病虫害，参考结果树。

5. 欧亚种葡萄结果树管理

（1）膜覆盖与揭除。于12月中旬至次年2月上旬封膜，同时盖地膜增土温（沟内不盖，增加湿度）。5月中旬先开天窗，再摇起四周围膜，转为避雨栽培。葡萄采收后揭除顶膜，分批揭膜延长采果期。抗霜霉病差的品种可延迟揭膜。

（2）温湿度、土壤水分调控（表1）。

表1 欧亚种葡萄栽培温湿度、土壤水分调控

时间	棚内温湿度	备注
封膜至萌芽前	盖膜一周，20℃以下，盖膜二周，35℃以下，绒球期28～30℃，湿度80%～90%	通过开天窗或揭高西边内天膜调温，清晨棚内保持浓雾，畦土保持湿润
萌芽后至揭内天膜前	展叶期28～35℃，先开天窗降温，30℃以上揭内膜或揭高四周围膜。湿度60%～70%	齐芽后立即全园铺地膜降湿，减缓枝蔓徒长，预防灰霉病发生
揭内天膜至开花前	温度32℃以内，湿度60%	晴、多云天要揭膜调温
开花至揭四周围膜	30～35℃以内，湿度70%	花期前后，供水一次，畦土保持湿润
坐果至开始转色或硬核期	30～35℃以内，湿度70%	膨大剂处理时滴灌滴水
着色期或果软化	35℃以内，湿度60%～70%	前期适当供水促果粒膨大，开始着色控水，在20%着色时铺反光膜，减轻烂果、裂果

6. 枝蔓管理

（1）解除休眠。涂破眠剂后 5～15 d 盖外天膜，萌芽前 20～30 d 用翠芽或荣芽 30～50 倍，涂结果母枝芽，中长梢剪口 2 个芽不涂。

（2）抹芽、定梢。萌芽后抹除双芽中副芽，新梢长至 5～6 叶时定梢缚梢。梢距 15（叶小）～25（叶大）cm。

（3）剪梢、摘心。花序上 3 叶（分得出）留 1 叶摘心；整园开一朵花时第二次摘心。齐天窗或主梢 15 叶时统一剪梢或打梢头，营养枝"5-4-3"叶摘心。

（4）副梢处理。花序下副梢全留 1 叶绝后摘心，易日灼的欧亚种美人指、红地球等品种花序上下 2 节副梢 2～3 叶反复摘心和扭梢），其余侧副梢去除，顶副梢留 4～3 叶反复摘心。营养枝侧副梢留 1 叶绝后或去除。

（5）冬季修剪。修剪时间为 12 月中下旬至次年 1 月底结束，6～8 芽中长梢修剪为主。

7. 果穗管理

（1）整花序、理果穗。每一根结果枝选留一花序，穗梗短、花序小、坐果好的品种花前 10 d 摘心或用 5 mg/L 赤霉酸拉长花序；大穗型品种要去副穗及肩支穗 2～3 个，掐穗尖，留中间段（15～18 个分枝）；成熟时成圆锥形或圆筒形。无核化品种留 5～7 cm 穗尖。

（2）疏蕾。对坐果太好的品种，始花前 3 d 内对每枝穗疏除朝下花蕾。

（3）疏果粒。生产 10～15 g 果粒，每穗留果 50～70 粒，疏去瘦小、畸形、果柄细弱、朝内、朝上生长过密的果。生产无核品种小果粒 3～6 g，支穗留 2 疏 1，留 120～150 粒。

（4）套袋。用白色葡萄专用纸袋或无纺布袋，套袋时间：早、中熟品种花后 25 d，晚熟品种入梅前或出梅后。同时防止各种虫、鸟等危害，并能减轻果穗受药物污染和残留积蓄。

8. 施肥（见表 2）

表 2　欧亚种葡萄施肥时期和施肥量

肥料	时间	施肥量/（667m²）	方法
基肥	10月底至11月	畜禽肥1吨、商品肥500 kg，加硼肥、镁肥、锌肥各 2～3 kg	深翻入土、灌水
催芽肥	萌芽前10～15 d	高氮水溶肥10 kg	撒施、灌水或肥水同灌
膨果肥	花谢75%时至幼果期	高氮三元复合肥或水溶肥15～20 kg（分2次施）	滴管或微喷 开沟条施、灌水或肥水同灌
着色肥	硬核期或软化期	硫酸钾30 kg+钙肥10 kg（分2次施）	滴管或微喷 开沟条施、灌水或肥水同灌
采果肥	采果后	复合肥5～10 kg	浅翻入土、灌水

9.病虫害防治

（1）葡萄芽绒球期。地面、葡萄架和芽喷铲除剂3～5波美度石硫合剂或30%机油·石硫乳剂，对防治黑痘病有特效，同时杀死越冬虫卵。

（2）2叶1心期。重点防治绿盲蝽、蚜虫，黑痘病。挂黄色粘虫板诱杀蚜虫。

（3）8～10叶期。重点防治穗轴褐枯病兼防灰霉病，开花前后，重点防治灰霉病、穗轴褐枯病、白腐病、白粉病、葡萄透翅蛾和葡萄虎天牛。

（4）坐果后套袋前。重点防治白腐病，兼防白粉病、炭疽病、霜霉病等病虫害，用阿米西达或凯润+高效氯氰菊酯或（健达+抑霉唑+阿立卡）处理果穗。套袋后用铜制剂防治叶部病害。挂蓝色粘虫板诱杀蓟马。

（5）转色期。开始糖醋诱杀吸果夜蛾等虫害，糖、醋、白酒、水比例为6∶3∶1∶10，加少量敌百虫。用性诱剂诱杀斜纹夜蛾。安装防鸟网。

（6）成熟期。用吡丙醚诱杀醋蝇，防酸腐病。

（7）采果后后至落叶前（9月上中旬）。重点防治天蛾、叶蝉、霜霉病等。

附录三 绿色食品 农药使用准则

本标准按照 GB/T 1.1—2009 给出的规则起草。

本标准代替 NY/T 393—2013《绿色食品 农药使用准则》。与 NY/T 393—2013 相比,除编辑性修改外主要技术变化如下:

——增加了农药的定义(见 3.3)。

——修改了有害生物防治原则(见 4)。

——修改了农药选用的法规要求(见 5.1)。

——修改了绿色食品农药残留要求(见 7)。

——在 AA 级和 A 级绿色食品生产均允许使用的农药清单中,删除了(硫酸)链霉素,增加了具有诱杀作用的植物(如香根草等)、烯腺嘌呤和松脂酸钠;删除了 2 个表注,增加了 1 个表的脚注(见附件 1 表 1)。

——在 A 级绿色食品生产允许使用的其他农药清单中,删除了 7 种杀虫杀螨剂(S-氰戊菊酯、丙溴磷、毒死蜱、联苯菊酯、氯氟氰菊酯、氯菊酯和氯氰菊酯)、1 种杀菌剂(甲霜灵)、12 种除草剂(草甘膦、敌草隆、噁草酮、二氯喹啉酸、禾草丹、禾草敌、西玛津、野麦畏、乙草胺、异丙甲草胺、莠灭净和仲丁灵)及 2 种植物生长调节剂(多效唑和噻苯隆);增加了 9 种杀虫杀螨剂(虫螨腈、氟啶虫胺腈、甲氧虫酰肼、硫酰氟、氰氟虫腙、杀虫双、杀铃脲、虱螨脲和溴氰虫酰胺)、16 种杀菌剂(苯醚甲环唑、稻瘟灵、噁唑菌酮、氟吡菌酰胺、氟硅唑、氟吗啉、氟酰胺、氟唑环菌胺、喹啉铜、嘧菌环胺、氰氨化钙、噻呋酰胺、噻唑锌、三环唑、肟菌酯和烯肟菌胺)、7 种除草剂(苄嘧磺隆、丙草胺、丙炔噁草酮、精异丙甲草胺、双草醚、五氟磺草胺、酰嘧磺隆)及 1 种植物生长调节剂(1-甲基环丙烯);删除了 2 个条文的注,在条文中增加了关于根据国家新的禁限用规定自动调整允许使用清单的规定。

本标准由农业农村部农产品质量安全监管司提出。

本标准由中国绿色食品发展中心归口。

本标准起草单位：浙江省农业科学院农产品质量标准研究所、中国绿色食品发展中心、中国农业大学理学院、农业农村部农产品及加工品质量安全监督检验测试中心（杭州）、

浙江省农产品质量安全中心。

本标准主要起草人：张志恒、王强、张志华、张宪、潘灿平、郑永利、于国光、李艳杰、李政、戴芬、郑蔚然、徐明飞、胡秀卿。

本标准所代替标准的历次版本发布情况为：NY/T 393—2000；NY/T 393—2013。

绿色食品是在优良生态环境中按照绿色食品标准生产，实行全程质量控制并获得绿色食品标志使用权的安全、优质食用农产品及相关产品。规范绿色食品生产中的农药使用行为，是保证绿色食品符合性的一个重要方面。

本标准用于规范绿色食品生产中的农药使用行为。2013年版标准在前版标准的基础上，已经建立起了比较完整有效的标准框架，包括规定有害生物防治原则，要求农药的使用是最后的必要选择；规定允许使用的农药清单，确保所用农药是经过系统评估和充分验证的低风险品种；规范农药使用过程，进一步减缓农药使用的健康和环境影响；规定了与农药使用要求协调的残留要求，在确保绿色食品更高安全要求的同时，也作为追溯生产过程是否存在农药违规使用的验证措施。

本次修订延续上一版的标准框架，主要根据近年国内外在农药开发、风险评估、标准法规、使用登记和生产实践等方面取得的新进展、新数据和新经验，更多地从农药对健康和环境影响的综合风险控制出发，适当兼顾绿色食品生产对农药品种的实际需求，对标准作局部修改。

1　范围

本标准规定了绿色食品生产和储运中的有害生物防治原则、农药选用、农药使用规范和绿色食品农药残留要求。

本标准适用于绿色食品的生产和储运。

2 规范性引用文件

下列文件对于本文件的应用是必不可少的。凡是注日期的引用文件,仅注日期的版本适用于本文件。凡是不注日期的引用文件,其最新版本(包括所有的修改单)适用于本文件。

GB 2763 食品安全国家标准 食品中农药最大残留限量

GB/T 8321(所有部分)农药合理使用准则

GB 12475 农药储运、销售和使用的防毒规程

NY/T 391 绿色食品 产地环境质量

NY/T 1667(所有部分)农药登记管理术语

3 术语和定义

NY/T 1667 界定的以及下列术语和定义适用于本文件。

3.1 AA 级绿色食品 AA grade green foog

产地环境质量符合 NY/Y 391 的要求,遵照绿色食品生产标准生产,生产过程中遵循自然规律和生态学原理,协调种植业和养殖业的平衡、不使用化学合成的肥料、农药、兽药、渔药、添加剂等物质,产品质量符合绿色食品产品标准,经专门机构许可使用绿色食品标志的产品。

3.2 A 级绿色食品 A grade green food

产地环境质量符合 NY/T 391 的要求,遵照绿色食品生产标准生产,生产过程中遵循自然规律和生态学原理,协调种植业和养殖业的平衡,限量使用限定的化学合成生产资料,产品质量符合绿色食品产品标准,经专门机构许可使用绿色食品标志的产品。

3.3 农药 pesticide

用于预防、控制危害农业、林业的病、虫、草、鼠和其他有害生物以及有目的地调节植物、昆虫生长的化学合成或者来源于生物、其他天然物质的一种物质或者几种物质的混合物及其制剂。

注:既包括属于国家农药使用等级管理范围的物质,也包括不属于登记管理范围的物质。

4 有害生物防治原则

绿色食品生产中有害生物的防治可遵循以下原则:①以保持和优化农业生

态系统为基础：建立有利于各类天敌繁衍和不利于病虫草害滋生的环境条件，提高生物多样性，维持农业生态系统的平衡；②优先采用农业措施：如选用抗病虫品种、实施种子种苗检疫、培育壮苗、加强栽培管理、中耕除草、耕翻晒垡、清洁田园、轮作倒茬、间作套种等；③尽量利用物理和生物措施：如温汤浸种控制种传病虫害，机械捕捉害虫，机械或人工除草，用灯光、色板、性诱剂和食物诱杀害虫，释放害虫天敌和稻田养鸭控制害虫等；④必要时合理使用低风险农药：如没有足够有效的农业、物理和生物措施，在确保人员、产品和环境安全的前提下，按照相关规定配合使用农药。

5 农药选用

所选用的农药应符合相关的法律法规，并获得国家在相应作物上的使用登记或省级农业主管部门的临时用药措施，不属于农药使用登记范围的产品（如薄荷油、食醋、蜂蜡、香根草、乙醇、海盐等）除外。

AA级绿色食品生产应按照附件1表1中的规定选用农药，A级绿色食品生产应按照附件4的规定选用农药，提倡兼治和不同作用机理农药交替使用。

农药剂型宜选用悬浮剂、微囊悬浮剂、水剂、水乳剂、颗粒剂、水分散粒剂和可溶性粒剂等环境友好型剂型。

6 农药使用规范

应根据有害生物的发生特点、危害程度和农药特性，在主要防治对象的防治适期，选择适当的施药方式。

应按照农药产品标签或按GB/T 8321和GB 12475的规定使用农药，控制施药剂量（或浓度）、施药次数和安全间隔期。

7 绿色食品农药残留要求

按照5的规定允许使用的农药，其残留量应符合GB 2763的要求。

其他农药的残留量不得超过0.01 mg/kg，并应符合GB 2763的要求。

附件1和附件2见文后。

附件1　AA级和A级绿色食品生产均允许使用的农药清单

AA级和A级绿色食品生产可按照农药产品标签或GB/T 8321的规定（不属于农药使用登记范围的产品除外）使用表1中的农药。

表1　AA级和A级绿色食品生产均允许使用的农药清单[a]

类别	物质名称	备注
I.植物和动物来源	楝素（苦楝、印楝等提取物，如印楝索等）	杀虫
	天然除虫菊素（除虫菊科植物提取液）	杀虫
	苦参碱及氧化苦参碱（苦参等提取物）	杀虫
	蛇床子素（蛇床子提取物）	杀虫、杀菌
	小檗碱	杀菌
	大黄素甲醚（大黄、虎杖等提取物）	杀菌
	乙蒜素（大蒜提取物）	杀菌
	苦皮藤素（苦皮藤提取物）	杀虫
	藜芦碱（百合科藜芦属和喷嚏草属植物提取）	杀虫
	桉油精（桉树叶提取物）	杀虫
	植物油（如薄荷油、松树油、香菜油、八角茴香油等）	杀虫、杀菌、杀真菌、抑制发芽
	寡聚糖（甲壳素）	杀菌、植物生长调节
	天然诱集和杀线虫剂（如万寿菊、孔雀草、芥子油等）	杀线虫
	具有诱杀作用的植物（如香根草等）	杀虫
	植物醋（如食醋、木醋、竹醋等）	杀菌
	菇类蛋白多糖（菇类提取物）	杀菌

(续表)

类别	物质名称	备注
Ⅰ．植物和动物来源	水解蛋白质	杀菌
	蜂蜡	保护嫁接和修剪伤口
	明胶	杀虫
	具有驱避作用的植物提取物（大蒜、薄荷、辣椒、花椒、薰衣草、柴胡、艾草、辣根等的提取物）	驱避
	害虫天敌（如寄生蜂、瓢虫、草蛉、捕食螨等）	控制虫害
Ⅱ．微生物来源	真菌及真菌提取物（白僵菌、轮枝菌、木霉菌、耳霉菌、淡紫拟青霉、金龟子绿僵菌、寡雄腐霉菌等）	杀虫、杀菌、杀线虫
	细菌及细菌提取物（芽孢杆菌类、荧光假单胞杆菌、短稳杆菌等）	杀虫、杀菌
	病毒及病毒提取物（核型多角体病毒、质型多角体病毒、颗粒体病毒等）	杀虫
	多杀霉素、乙基多杀菌素	杀虫
	春雷霉素、多抗霉素、井冈霉素、嘧啶核苷类抗菌素、宁南霉素、申嗪霉素、中生霉素	杀菌
	S-诱抗素	植物生长调节
Ⅲ．生物化学产物	氨基寡糖素、低聚碳素、香菇多糖	杀菌、植物诱抗
	几丁聚糖	杀菌、植物诱抗、植物生长调节
	苄氨基嘌呤、超敏蛋白、赤霉酸、烯腺嘌呤、羟烯腺嘌呤、三十烷醇、乙烯利、吲哚丁酸、芸薹素内酯	植物生长调节
Ⅳ．矿物来源	石硫合剂	杀菌、杀虫、杀螨
	铜盐（如波尔多液、氢氧化铜等）	杀菌，每年铜使用量不能超过 $6~kg/hm^2$
	氢氧化钙（石灰水）	杀菌、杀虫
	硫黄	杀菌、杀螨、驱避
	高锰酸钾	杀菌，仅用于果树和种子处理

(续表)

类别	物质名称	备注
IV.矿物来源	酞酸氢钾	杀菌
	矿物油	杀虫、杀螨、杀菌
	氯化钙	用于治疗缺钙带来的抗性减弱
	硅藻土	杀虫
	黏土（如斑脱土、珍珠岩、蛭石、沸石等）	杀虫
	硅酸盐（硅酸钠、石英）	驱避
	硫酸铁（3价铁离子）	杀软体动物
V.其他	二氧化碳	杀虫，用于储存设施
	过氧化物类和含氯类消毒剂（如过氧乙酸、二氯异氰尿酸钠、三氯异氰尿酸等）	杀菌，用于土壤，培养基质、种子和设施消毒
	乙醇	杀菌
	海盐和盐水	杀菌，仅用于种子（如稻谷等）处理
	软皂（钾肥皂）	杀虫
	松脂酸钠	杀虫
	乙烯	催熟等
	石英砂	杀菌、杀螨、驱避
	昆虫性信息素	引诱或干扰
	磷酸氢二铵	引诱
a 国家新禁用或列入（限制使用农药名录）的农药自动从该清单中删除		

附件2 A级绿色食品生产允许使用的其他农药清单

当附件1中表1所列农药不能满足生产需要时，A级绿色食品生产还可按照农药产品标签或GB/T 8321的规定使用下列农药。

1. 杀虫杀螨剂

1）苯丁锡 fenbutatin oxide

2）吡丙醚 pyriproxifen

3）吡虫啉 imidacloprid

4）吡蚜酮 pymetrozine

5）虫螨腈 chlorfenapyr

6）除虫脲 diflubenzuron

7）啶虫脒　acetamiprid

8）氟虫脲　flufenoxuron

9）氟啶虫胺腈　sulfoxaflor

10）氟啶虫酰胺 flonicamid

11）氟铃脲　hexaflumuron

12）高效氯氰菊酯 beta-cypermethrin

13）甲氨基阿维菌素苯甲酸盐 emamectin benzoate

14）甲氰菊酯 fenpropathrin

15）甲氧虫酰肼 methoxyfenozide

16）抗蚜威 pirimicarb

17）喹螨醚 fenazaquin

18）联苯肼酯 bifenazate

19）硫酰氟 sulfuryl fluoride

20）螺虫乙酯 spirotetramat

21）螺螨酯 spirodiclofen

22）氯虫苯甲酰胺 chlorantraniliprole

23）灭蝇胺 cyromazine

24）灭幼脲 chlorbenzuron

25）氰氟虫腙 metaflumizone

26）噻虫啉 thiacloprid

27）噻虫嗪 thiamethoxam

28）噻螨酮 hexythiazox

29）噻嗪酮 buprofezin

30）杀虫双 bisultap thiosultapdisodium

31）杀铃脲 triflumuron

32）虱螨脲 lufenuron

33）四聚乙醛 metaldehyde

34）四螨嗪 clofentezine

35）辛硫磷 phoxim

36）溴氰虫酰胺 cyantraniliprolc

37）乙螨唑 etoxazole

38）茚虫威 indoxacard

39）唑螨酯 fenpyroximate

2. 杀菌剂

1）苯醚甲环唑 difenoconazole

2）吡唑醚菌酯 pyraclostrobin

3）丙环唑 propiconazol

4）代森联 metriam

5）代森锰锌 mancozeb

6）代森锌 zineb

7）稻瘟灵 isoprothiolane

8）啶酰菌胺 boscalid

9）啶氧菌酯 picoxystrobin

10）多菌灵 carbendazim

11）噁霉灵 hymexazol

12）噁霜灵 oxadixyl

13）噁唑菌酮 famoxadone

14）粉唑醇 flutriafol

15）氟吡菌胺 fluopicolide

16）氟吡菌酰胺 fluopyram

17）氟啶胺 fluazinam

18）氟环唑 epoxiconazole

19）氟菌唑 triflumizole

20）氟硅唑 flusilazole

21）氟吗啉 flumorph

22）氟酰胺 flutolanil

23）氟唑环菌胺 sedaxane

24）腐霉利 procymidonc

25）咯菌腈 fludioxonil

26）甲基立枯磷 tolclofos-methyl

27）甲基碗菌灵 thiophanate-methyl

28）腈苯唑 fenbuconazole

29）腈菌唑 myclobutanil

30）精甲霜灵 metalaxyl-M

31）克菌丹 captan

32）喹啉铜 oxine-copper

33）醚菌酯 kresoxim-methyl

34）嘧菌环胺 cyprodinil

35）嘧菌酯 azoxystrobin

36）嘧霉胺 pyrimethanil

37）棉隆 dazomet

38）氰霜唑 cyazofamid

39）氰氨化钙 calcium cyanamide

40）噻呋酰胺 thifluzamide

41）噻菌灵 thiabendazole

42）噻唑锌

43）三环唑 tricyclazole

44）三乙膦酸铝 fosetyl-aluminium

45）三唑醇 triadimenol

46）三唑酮 triadimefon

47）双炔酰菌胺 mandipropamid

48）霜霉威 propamocarb

49）霜脲氰 cymoxanil

50）威百 667m2 metam-sodium

51）萎锈灵 carboxin

52）肟菌酯 trifloxystrobin

53）戊唑醇 tebuconazole

54）烯肟菌胺

55）烯酰吗啉 dimethomorph

56）异菌脲 iprodione

57）抑霉唑 imazalil

3. 除草剂

1）2甲4氯 MCPA

2）氨氯吡啶酸 picloram

3）苄嘧磺隆 bensulfuron-methyl

4）丙草胺 pretilachlor

5）丙炔噁草酮 oxadiargyl

6）丙炔氟草胺 flumioxazin

7）草铵膦 glufosinate-ammonium

8）二甲戊灵 pendimethalin

9）二氯吡啶酸 clopyralid

10）氟唑磺隆 flucarbazone-sodium

11）禾草灵 diclofop-methyl

12）环嗪酮 hexazinone

13）磺草酮 sulcotrione

14）甲草胺 alachlor

15）精吡氟禾草灵 fluazifop-P

16）精喹禾灵 quizalofop-P

17）精异丙甲草胺 s-metolachlor

18）绿麦隆 chlortoluron

19）氯氟吡氧乙酸（异辛酸）fluroxypyr

20）氯氟吡氧乙酸异辛酯 fluroxypyr-mepthyl

21）麦草畏 dicamba

22）咪唑喹啉酸 imazaquin

23）灭草松 bentazonc

24）氰氟草酯 cyhalofop butyl

25）炔草酯 clodinafop-propargyl

26）乳氟禾草灵 lactofen

27）噻吩磺隆 thifensulfuron-methyl

28）双草醚 bispyribac-sodium

29）双氟磺草胺 florasulam

30）甜菜安 desmedipham

31）甜菜宁 phenmedipham

32）五氟磺草胺 penoxsulam

33）烯草酮 clethodim

34）烯禾啶 sethoxydim

35）酰嘧磺隆 amidosulfuron

36）硝磺草酮 mesotrione

37）乙氧氟草醚 oxyfluorfen

38）异丙隆 isoproturon

39）唑草酮 carfcntrazone-ethyl

4.植物生长调节剂

1）1-甲基环丙烯 1-methylcyclopropene

2）2,4-滴 2,4-D（只允许作为植物生长调节剂使用）

3）矮壮素 chlormcquat

4）氯吡脲 forchlorfenuron

5）萘乙酸 1-naphthal acetic acid

6）烯效唑 uniconazole

国家新禁用或列入《限刮使用农药名录》的农药自动从上述清单中删除。

中华人民共和国农业农村部

2020-07-27

天工翠玉

天工冠玉